2024 年度河北省社会科学基金项目"新时代高校廉政机制建设研究"（HB24DD004）

2022 年度河北省教育科学"十四五"规划课题"新时代高校思政课教师核心素养提升策略研究"（2205415）

河北经贸大学学术出版基金资助项目

中华优秀传统文化的当代价值与传承路径

郑　康◎著

浙江工商大学 出版社

ZHEJIANG GONGSHANG UNIVERSITY PRESS

·杭州·

图书在版编目(CIP)数据

中华优秀传统文化的当代价值与传承路径 / 郑康著
. — 杭州：浙江工商大学出版社，2024.12
ISBN 978-7-5178-5893-5

Ⅰ. ①中… Ⅱ. ①郑… Ⅲ. ①中华文化—研究 Ⅳ.
①K203

中国国家版本馆 CIP 数据核字(2024)第 021540 号

中华优秀传统文化的当代价值与传承路径
ZHONGHUA YOUXIU CHUANTONG WENHUA DE DANGDAI JIAZHI YU CHUANCHENG LUJING

郑　康著

责任编辑	沈明珠
责任校对	胡辰怡
封面设计	胡　晨
责任印制	祝希茜
出版发行	浙江工商大学出版社
	（杭州市教工路 198 号　邮政编码 310012）
	（E-mail：zjgsupress@163.com）
	（网址：http：//www.zjgsupress.com）
	电话：0571-88904980,88831806（传真）
排　　版	杭州朝曦图文设计有限公司
印　　刷	杭州高腾印务有限公司
开　　本	710 mm×1000 mm　1/16
印　　张	12
字　　数	186 千
版 印 次	2024 年 12 月第 1 版　2024 年 12 月第 1 次印刷
书　　号	ISBN 978-7-5178-5893-5
定　　价	52.00 元

目　录

第一章　绪　论

第一节　研究背景与意义

一、研究背景

习近平总书记指出:"如果一个民族、一个国家没有共同的核心价值观,莫衷一是,行无依归,那这个民族、这个国家就无法前进。"①党的十九大报告中明确指出:"社会主义核心价值观是当代中国精神的集中体现,凝结着全体人民共同的价值追求。"②美国学者塔尔科特·帕森斯认为:"构建统一的价值体系,是社会发展与秩序稳定的前提和基础。"③法国思想家阿列克西·德·托克维尔认为:"共同信仰缺失的社会,将难以存在。为了使社会成立和社会欣欣向荣,必

---

① 习近平:《青年要自觉践行社会主义核心价值观:在北京大学师生座谈会上的讲话》,《人民日报》2014年5月5日。

② 习近平:《决胜全面建成小康社会　夺取新时代中国特色社会主义伟大胜利:在中国共产党第十九次代表大会上的报告》,《人民日报》2017年10月28日。

③ [美]塔尔科特·帕森斯:《社会行动的结构》,张明德、夏翼南、彭刚译,译林出版社2003年版,第351页。

须用某种思想把全体人民的精神经常集中起来。"①

我国古代文献《谏太宗十思疏》中也记载:"求木之长者,必固其根本;欲流之远者,必浚其泉源;思国之安者,必积其德义。"②意思是说,要实现一国的长治久安,必须重视和发挥道德的规范作用,实现以德治国。

纵观中国历史长河,文化和价值观始终是促进社会和谐、维护国家稳定的重要因素。如西周时期形成的"礼乐制度",强调运用"礼""乐"维护社会秩序;汉武帝时期,董仲舒提出"罢黜百家、独尊儒术",倡导以"仁、义、礼、智、信"为核心价值观的儒家思想,并逐步使之成为国家治理的正统思想。历史和现实反复证明,实现一国的长治久安,需要发挥核心价值观在统一思想、维护社会秩序稳定中的积极作用。

西方国家治理实践中,一国的核心价值观同样是维护社会秩序稳定、促进社会和谐的关键因素。西方国家通常用"立国价值"来诠释核心价值观。为了彰显"立国价值"的重要性,发挥"立国价值"的功能,西方国家将"立国价值"上升至法律层面,借助法律制度,将"立国价值"应用于国家治理实践之中。

审视当代中国,随着我国社会转型和市场化改革的推进,社会价值体系呈现出日益多元化的发展趋势,我国面临着政府与市场、集权与分权、公平与效率等诸多价值冲突和价值选择。如何平衡各种分歧,实现多元价值整合,凝聚社会力量,构建起具有普遍社会认同性的核心价值观,成为社会转型背景下国家治理必须思考的问题。深刻汲取与传承中华优秀传统文化,借鉴吸收国外先进文化成果,立足我国发展实际,顺应时代发展要求,在社会核心价值体系基础上,通过进一步凝练、概括和总结,提炼出反映民族特色、时代特色的社会主义核心价值观,能够为推动和实现国家治理现代化提供根本价值遵循。

二、理论意义

第一,社会主义核心价值观融入国家治理,是对国家治理理论的丰富与拓展,有利于推进国家治理的改革与创新,提高国家治理的科学性与实效性。同

---

① [法]托克维尔:《论美国的民主》,董果良译,商务印书馆 2004 年版,第 336 页。
② (唐)吴兢:《贞观政要集校》,谢保成译注,中华书局 2003 年版,第 17 页。

时,国家治理的理论研究与实践,为社会主义核心价值观的培育和弘扬提供了新的载体和路径,有利于不断创新社会主义核心价值观的培育路径。

第二,学界围绕社会主义核心价值观与国家治理独立进行的相关研究较为丰富,但将社会主义核心价值观与国家治理相结合的研究为数尚少,研究范围与研究深度有待拓展和加强。通过对社会主义核心价值观与国家治理两者内在关系的研究,有助于进一步明确社会主义核心价值观在国家治理中的功能与定位,发现社会主义核心价值观融入国家治理所面临的困难和挑战,揭示社会主义核心价值观融入国家治理的创新路径。

三、实践意义

第一,社会主义核心价值观在国家治理中具有价值引领、价值整合、价值纠偏、协调分歧、资源供给等功能,具有对国家治理实践效果的鉴定、教育和规范作用,具有对国家治理实践提供精神动力的作用。通过在全体公民中广泛、深入地培育社会主义核心价值观,可以不断增强全体人民对国家治理的价值认同,为国家治理现代化夯实群众基础,汇聚强大合力。

第二,社会主义核心价值观融入国家治理,有助于构建起社会主义核心价值观向国家治理转化的机制体系,为丰富和拓展社会主义核心价值观实践培育形式提供有益路径。

第三,社会主义核心价值观融入国家治理,有助于重塑国家治理理念,推动国家治理体系迈向现代化。作为国家治理的价值资源,社会主义核心价值观有助于各类主体树立起一致的治理理念。在国家治理实践中运用社会主义核心价值观,有助于推动国家治理迈向现代化。

第四,社会主义核心价值观融入国家治理,有助于爱国、敬业、诚信、友善的公民价值观的培育,为实现建成富强、民主、文明、和谐的社会主义现代化国家,构建自由、平等、公正、法治的社会,提供合格公民主体。

第二节　研究思路与研究方法

一、研究思路

第一，收集相关资料，对治理、国家治理、国家治理现代化的内涵进行释义，阐释治理、国家治理、国家治理现代化的组成要素及一般特征。

第二，深入挖掘中华优秀传统文化中的国家治理智慧，分析其当代价值。

第三，阐释价值观、核心价值观、社会主义核心价值观的内涵、表现及功能。

第四，阐明社会主义核心价值体系、社会主义核心价值观的形成过程，分析两者之间的内在联系。

第五，运用中华优秀传统文化，阐释富强、民主、文明、和谐，自由、平等、公正、法治，爱国、敬业、诚信、友善的价值内涵。

第六，分析社会主义核心价值观与国家治理两者之间的内在关联，深刻阐释社会主义核心价值观在推进国家治理现代化进程中的功能和作用。

第七，剖析社会主义核心价值观在推进国家治理现代化进程中所面临的困境。

第八，提出社会主义核心价值观推进国家治理现代化的有益路径。

二、研究方法

第一，文献研究法。通过收集国内外与本书相关的文献资料，了解和借鉴中华优秀传统文化、国家治理、价值观、核心价值观、社会主义核心价值观等相关研究成果，结合实际探讨研究。

第二，学科交叉研究法。社会主义核心价值观与国家治理现代化涉及领域十分广泛，涵盖马克思主义、法学、管理学、经济学、政治学、社会学、传播学等多个学科。在对多学科知识充分理解的基础上，打破学科专业界限，进行交叉融合、总结归纳。

第三，逻辑分析法。本书在分析中华优秀传统文化当代价值的基础上，坚持由内到外、由理论到实践的逻辑思路，揭示中华优秀传统文化中蕴含的价值元素，阐明中华优秀传统文化向国家治理转化的重大意义。

第二章　国家治理与中华传统文化中的国家治理智慧

第一节　治理、国家治理、国家治理现代化

一、"治理"一词的产生与演变

"治理"一词早在中国古代的相关文献中就有记载。要准确考察"治理"一词的含义，需要从"治"和"理"两个字的发展与演变加以考量。"治"的本义是水名，引申出治水、整治之义，即顺应水流的运动趋势，遵循水流的自身运动规律，加以正向性的疏导。大禹治水，就是通过疏通的方式，让水的流动不受阻。后来，"治"水之义，引申、演化为国家政事管理之义，《管子·治国》中记载："故治国常富，而乱国必贫。"①这就是说，一个国家的富裕离不开对这个国家的治理；造成一国贫困的根源，也是缺乏对其的有效治理，使其常常陷入混乱之中。从"治国"一词出发，"治"的领域与对象，又延展为"治农""治兵""治吏"等方面，"治"之诸义，皆属国家政事管理的范畴。此后，国家政事管理之效果，也被纳入"治"的内涵之中，即只有将管理对象管理得井然有序时，才能称得上是"治"。

① 黎翔凤：《管子校注》（中），中华书局 2019 年版，第 1021 页。

此时"治"的含义,是治理实践与效果的有机统一。

"理"的本义是玉石雕刻的方法。《说文解字》中记载:"郑人谓玉之未理者为璞,是理为剖析也。玉虽至坚,而治之得其鰓理以成器不难,谓之理。凡天下一事一物,必推其情至于无憾而后即安。是之谓天理,是之谓善治。"①由此可见,"理"最初的含义,是攻玉的方法,即使璞成为器的雕刻、打磨和加工等环节。随着时间的推移,"理"字的内涵和外延也在不断丰富和拓展。先秦时期,"理"字由攻玉衍生出多种引申义。其中,最具代表性的是按照事物规律、道理行事。《管子·正第》中记载:"能服日新,此谓行理。"②《战国策·齐策四》中记载:"事有必至,理有固然。"③这两个"理",都指顺应事物内在规律。可见,此时的"理",其含义已演变为遵循规则、规律、道理和秩序。将"治"和"理"二字合二为一,形成"治理"一词,是在战国晚期,荀子曰:"然后明分职,序事业,材技官能,莫不治理,则公道达而私门塞矣,公义明而私事息矣。"④韩非子曰:"是故夫至治之国,善以止奸为务。是何也?其法通乎人情,关于治理也。"⑤此时,"治理"一词的含义,是指国家管理应符合某种规则、规律。"治""理""治理"在发展与演变中,从其本义出发,逐渐演变、生成了与国家政治有关的意义。当治理上升到国家层面时,意指"治国理政"之道。《辞源》中将"治"解释为管理、疏理,有"治平"(治国平天下)、"治化"(治理国家、教化人民)、"治本"(治国理政之根本)、"治宜"(治理所宜)等之说。由于社会形态不同,国家治理的主体、思想、方式也存在较大差异,不同社会形态下的国家治理不能完全等同。但是从国家治理目标上看,都需以"正道"为导向,遵循事物发展内在规律,顺应民心、合乎民意。从国家治理的手段上看,需坚持"德"治与"法"治并举,注重文化与道德资源在国家治理实践中的运用。中国古代的国家治理思想尽管有其阶级和历史局限性,但在很多方面对今天的国家治理仍然具有较强的借鉴意义。

① (汉)段玉裁:《说文解字》,中华书局 2013 年版,第 15 页。
② 黎翔凤:《管子校注》(中),中华书局 2019 年版,第 991 页。
③ (西汉)刘向:《战国策》,缪文远、罗永莲、缪伟译注,中华书局 2012 年版,第 162 页。
④ (清)王先谦:《荀子集解》(上),中华书局 2019 年版,第 282 页。
⑤ (清)王先慎:《韩非子集解》,中华书局 2015 年版,第 522 页。

二、"治理"一词释义

"治理"一词,根据《汉语大词典》可以从狭义和广义两个层面来阐释。从狭义上理解,"治理"是介于治理主体与治理客体之间的工具、方法的统称。将"治理"一词的内涵进一步向外延伸、拓展,从广义上理解和把握,又具有以下四个层面的含义:一是指治理主体,借助治理工具,运用各类治理资源,作用于治理对象的治理实践;二是指治理主体实施治理行为的效果,是从实践效果上对"治理"一词的理解和考量;三是指治理主体在治理实践中所秉持的治理理念、治理逻辑,是保证治理有效开展的逻辑思路和行动指南;四是从哲学层面理解,"治理"是指思维与存在围绕有序性展开的矛盾运动过程。

(一)国外学者、机构对"治理"一词的解释

在西方看来,"治理"(Governance)一词源自古希腊语"引领导航"(Steering),本义指控制、引导和操纵,即在特定范围内行使的权威。治理理论主要创始人之一詹姆斯·N.罗西瑙认为:"治理是通行于规制空隙之间的那些制度安排。"[1]格里·斯托克指出:"治理所偏重的机制并非依靠政府的权威和制裁,而是依靠多种进行统治的以及互相发生影响的行为者的互动。"[2]弗朗西斯·福山在其多篇著作中强调政府、法治、民主和问责在国家治理和维系现代政治秩序中的地位和作用。欧洲援助组织将治理定义为国家为其公民服务的能力,即指一个社会中利益诉求、资源管理及权力实施所依赖的规则、过程及行为。国际货币基金组织认为治理包含一个国家被管理和统治方式的所有方面,包括其经济政策和规则框架。联合国全球治理委员会将治理定义为:治理是个人和共同或私人机构管理其公共事务的诸多方式的总和,它是使相互冲突的或不同的利益得以调和并采取联合行动的持续过程。1992 年世界银行发布报告,对"治理"这一概念做出了定义:"治理是决定权力使用、民众参与和公众决策的

---

① ［美］詹姆斯·N.罗西瑙主编:《没有政府的治理:世界政治中心秩序与变革》,张胜军、刘小林等译,江西人民出版社 2001 年版,第 9 页。

② ［英］格里·斯托克:《作为理论的治理:五个论点》,华夏风译,《国际社会科学杂志》(中文版)2019 年第 3 期。

传统、制度和过程。"①联合国开发计划署认为："治理是基于法律规则和正义,将平等、高效的系统公共管理框架贯穿于管理与被管理的整个过程,要求建立可持续的体系,赋权于人民,使其成为整个过程的支配者。"②

(二)国内学者对"治理"一词的解释

我国学者根据我国治理实际,对"治理"一词的内涵进行了相应阐述,代表性的观点如下。

俞可平认为："治理是实现一定社会政治目标的手段。"③许耀桐、刘祺认为："治理是面向社会问题与公共事务的一个行动过程,参与者包括公共部门、私人部门和公民在内的多个主体,通过正式制度或非正式制度进行协调及持续互动。"④王诗宗提出："相对于统治,治理是一种趋势,这一趋势必定意味着国家(政府)—社会关系的调整;调整的目的在于应对原先政治社会格局中的不可治理性;在调整中,政府之外的力量被更多地强调,国家中心的地位可能在一定程度上被国家、社会和市场的新的组合所替代。"⑤丁志刚认为,治理是"人们按照一定目标或价值对人、事、物进行的控制、管理活动"⑥。马振清提出："所谓治理就是统治阶级通过国家等公共权力组织缓和社会冲突,维护社会秩序,实现特定阶级利益和社会利益的政治活动。"⑦

(三)治理的一般特征

根据国内学者对治理一词的研究,可以将治理定义为治理主体针对特定范

---

① World Bank: *Managing Development*: *The Governance Dimension*, 1994.

② UNDP: *Public Sector Management*, *Governance*, *and Sustainable Human Development*, 1995.

③ 俞可平:《推进国家治理体系和治理能力现代化》,《前线》2014 年第 1 期。

④ 许耀桐、刘祺:《当代中国国家治理体系分析》,《理论探索》2014 年第 1 期。

⑤ 王诗宗:《治理理论及其中国适用性:基于公共行政学的视角》,浙江大学博士学位论文,2009 年,第 39 页。

⑥ 丁志刚:《如何理解国家治理与国家治理体系》,《学术界》2014 年第 2 期。

⑦ 马振清:《马克思主义道德治理思想在国家治理方式中的理解》,《科学社会主义》2011 年第 1 期。

围运用权威维持秩序,满足公众需要的过程。从治理一词的内涵出发,进一步对治理的一般特征进行归纳总结如下。

第一,从治理过程考察。治理是治理主体根据治理理念,借助治理制度、体系等载体,立足不同领域治理实际,围绕不同领域的具体治理目标,运用治理资源,调节和处理各领域内的矛盾和冲突,以实现各领域运行有序的实践过程。

第二,从治理对象考察。治理是针对治理领域中存在的各类矛盾、利益对立与冲突的调和过程,目的是保证治理领域内各要素间协调一致、运行有序。

第三,从治理领域和治理主体考察。从纵向看,治理包括宏观层面的国家治理、中观层面的社会治理和微观层面的基层治理。从横向看,治理涉及经济、政治、文化、社会、生态等各个领域。从治理主体看,既包括政府组织,也包括公民、私人机构等各类非政府组织,呈现出多元化特征。多元治理主体围绕各领域具体治理实际,以沟通、交流、协作的方式,优化各领域治理对策,达成最优治理目标。

第四,从治理资源考察。治理资源既包括体制、机制等制度性"硬"资源,也包括文化、价值观等各类"软"资源。

第五,从治理权力考察。治理的实施,离不开多元治理主体间的协作与配合,在达成治理目标的过程中,权力运行的向度是多维度的,既包括自上而下的权力运行,也包括权力在各类治理主体间的横向运行,还包括自下而上的权力运行。

(四)治理主体间的功能、地位及作用

由于"治理"是通过多元治理主体间的沟通、协作来达成的,有必要对不同治理主体在治理过程中的功能、地位和作用进行分析。

从治理主体构成看,分为政府部门与非政府部门两大类主体。政府部门与非政府部门在治理过程中,分别具有不同的地位和功能。

政府部门在治理中处于主体地位,发挥主导作用,非政府部门在治理中处于从属地位,发挥辅助作用。政府部门在治理过程中的主导作用发挥,表现为政府部门运用有效手段,激励、约束其他各类治理主体行为,使各类治理主体紧紧围绕治理目标,协同发力。

在治理过程中,政府部门对非政府部门的激励和约束作用,具体表现在以下两个方面。

第一,政府部门要履行对其他非政府部门的监管职能,制定对其他非政府部门的资格审查和行为规范的相关法律制度,并运用国家机器,承担起对其他治理主体的监督、仲裁和惩罚责任,确保在国家治理过程中,各类非政府部门与政府部门意志统一、步调一致。

第二,政府部门要根据各领域治理实际,制定激励非政府部门治理主体参与治理的相关激励政策,以此激发和调动非政府部门治理主体的积极性和主动性,以保证多元治理主体参与下国家治理的有效性。

(五)统治与治理之间的区别

人类社会的发展,经历了由统治到管理,再由管理到治理的演变过程。统治,意指一部分人利用国家权力对另一部分人加以控制。在阶级对立的社会形态中,统治表现为剥削阶级对被剥削阶级的控制。

管理,是指管理者通过对被管理者有计划、有组织的领导,达成既定目标的过程。统治所依赖的是国家政权强制力量,管理则是通过有效的分工与协作来实现的。

治理,是指多元治理主体运用相关制度、程序和规则,通过有计划、有组织、有目的的协商、合作等方式,协调和处理公共事务的过程。

从统治与治理的内涵出发,统治与治理之间的区别,主要表现为以下几点。

第一,权威不同。统治是统治阶级利用国家政权力量对被统治阶级实施的控制,依托权威实施控制,是统治的鲜明特征;治理的实施,更多的是依托多元主体间的分工与协作来完成的,其权威性相对较弱。

第二,主体不同。统治主体表现为一元性,即统治阶级;治理主体表现为多元性。

第三,权力运行方式不同。统治权力的运行,是自上而下的控制;治理权力的运行,是通过多元主体间的对话协商、交流合作、相互认同及确立共同目标的方式来实现的。

第四,范围不同。统治权力的运行边界,往往局限在一国范围之内。治理权力的运行边界,可以拓展到一国范围之外。

(六)管理与治理之间的区别

从管理与治理的内涵出发,两者之间的区别主要表现为以下几点。

第一,主体不同。治理主体表现为多元主体;管理主体是一元主体。

第二,权力来源不同。治理权力的来源,是下级认可、社会认同、制度授予;管理权力的来源,主要是人民的授予。

第三,运作模式不同。管理运作模式是单向、刚性、强制的;治理运作的模式是合作和包容的。

第四,效果不同。治理因权力多向度的运行,以及多元治理主体间的沟通与协作,将充分考虑治理目标与治理结果发生偏移的各种可能,通过制定各种应急方案,有力保证治理目标与治理结果的一致性;管理主体的单一性和自上而下的权力架构,易导致权力寻租和权力任性,难以保证管理目标与结果的一致性。

三、国家治理观与国家治理的内涵及构成

(一)简述马克思的国家治理观

马克思作为科学社会主义的创始人,系统阐述了无产阶级如何推翻资本主义统治,建立起符合无产阶级和广大人民利益的社会主义制度,并在建立起来的社会主义制度下,探讨由谁来治理国家、如何治理国家等重大社会主义国家治理方面的问题。

马克思的国家治理理论认为,"国家是统治阶级的各个人借以实现其共同利益的形式"[①]。由此可见,国家的职能与国家本质相对应,是维护统治阶级的统治。国家兼有对内管理和对外维护国家安全的两种职能,以此维系和巩固统治阶级的地位。

马克思通过对资本主义生产关系的研究,揭示了资本主义制度下的国家治

---

① 《马克思恩格斯选集》第一卷,人民出版社 1995 年版,第 132 页。

理本质。资本主义制度存在资产阶级和无产阶级两大阶级之间的根本对立,资本主义国家实质上是作为资产阶级总体利益代言人而存在的,资本主义国家推陈出新的劳动立法,并非为了维护无产阶级的利益,而是为了避免劳动力从根源上枯竭,避免因缺少劳动力资源而导致资本主义生产陷入窘境。为了维持普遍交换关系的存在,资本主义国家以政治手段建立起一种使合法经济主体能够以商品的形式发挥其功能的条件,对于劳动者而言,意味着通过教育、培训、促进地区流动性和改善劳动力的适应能力等措施和政策,来提高劳动力的可销售能力。单个资本虽然可能对劳动力的再生产承担责任,但资本之间的竞争会破坏劳动力的再生产,使单个资本无法预测劳动力再生产的结构变化,劳动力的再生产将不得不由国家来承担。

此外,资本家追求剩余价值的无限贪欲和资本主义企业之间竞争的巨大压力,迫使资本家无休止地通过资本积累扩大企业规模。资本积累在不断扩大企业规模的同时,也推动了资本有机构成呈现出不断提高的趋势,资本有机构成的提高,使单位劳动力推动生产资料的规模不断扩大,并以劳动生产率不断提高的特征呈现出来。资本有机构成和劳动生产率的不断提高,对资本家而言,是再好不过的事情,对于个体资本家而言,将劳动生产率提高到同类企业劳动生产率之上,意味着其可以获得超过正常剩余价值的超额剩余价值;对于所有资本家而言,劳动生产率的普遍提高,意味着所有资本家都将获得相对剩余价值。资本家普遍获得剩余价值量上的增长,将进一步激发资本家进行资本积累的欲望,从而进一步推动资本有机构成的不断提高和劳动生产率的提高。

资本有机构成的提高,意味着在总资本当中,不变资本所占比重将会越来越高,可变资本所占比重将会呈现下降趋势,资本家为了保持其竞争优势,将会不断改进技术,提高劳动生产率,进而推动资本有机构成呈现进一步提高趋势。由于工人就业岗位的数量是由总资本中可变资本的数量的多少决定的,资本有机构成的不断提高,造成了资本对劳动力的需求相对的甚至是绝对的减少,即便在劳动力商品供给总量不增,甚至不断减少的情况下,也会产生资本主义制度下的相对过剩人口这一特有经济现象。

相对过剩人口是资本主义制度下的特有经济现象,是资本主义基本矛盾运动的必然产物。资本家对剩余价值的无限追求,将最终以牺牲无产阶级的利益为代价来实现。资本主义制度下的国家治理，无论采取何种方式和手段来缓和阶级矛盾，都不能从根本上消除产生两大阶级矛盾对立的根源。

马克思通过对资本主义生产关系的分析，指出人剥削人这一不平等的根源，是资本主义制度下的生产资料私有制，资产阶级通过对生产资料的占有，进而占有工人的活劳动，从而实施对无产阶级的剥削。资产阶级在经济上的统治地位，决定了其在政治上的统治地位，国家是资产阶级管理共同事务的委员会，资本主义国家对无产阶级而言是虚幻的共同体，无产阶级不是国家治理的主体，而是被治理的客体。

资本主义制度表面上看是资产阶级的统治，实质上是资本起着决定性作用，构成了真正的主体。因此，要使人民真正成为国家治理主体，就必须推翻资本对劳动的奴役，建立起真正人民当家作主的社会主义制度。

社会主义制度取代资本主义制度的历史趋势，要以无产阶级推翻资产阶级统治为条件，建立起无产阶级专政的社会主义制度后，无产阶级及其政党成为国家治理主体。由于无产阶级的利益与广大人民群众利益的一致性，社会主义制度下，广大人民群众也扮演国家治理主体的角色。无产阶级政权要以实现人民解放和人的自由而全面的发展为根本治理原则，紧紧围绕实现最广大人民群众根本利益这一目标进行国家治理实践。

无产阶级专政下的国家治理，要紧紧围绕实现最广大人民根本利益来展开。这就意味着，广大人民群众参与国家治理意愿的强弱、程度的大小，关系着国家治理成效。为此，要充分发挥无产阶级及其政党在国家治理中的核心作用，运用和采取一切有益手段和方法，调动和激发广大人民群众参与国家治理的意愿，牢牢坚持治理为了人民、治理依靠人民、治理成果由人民共享的治理理念，不断消除收入差别和利益分化，为实现人的自由而全面的发展创造有益条件。

（二）简述中国共产党领导下的国家治理观

中国共产党是国家事业的领导核心，在国家治理中，发挥着领导核心功能。党政军民学，东西南北中，党是领导一切的。新民主主义革命时期，中国共产党领导人民紧紧围绕实现民族独立和人民解放这一目标，进行反帝、反封建的民族、民主革命实践,经过顽强的斗争和不懈的努力,党领导人民最终推翻了反动、腐朽的上层建筑,在中国大地上建立起人民当家作主的崭新政权,为中国共产党走向全国执政,继而开展真正意义上的国家治理,创造了根本前提。

中华人民共和国成立后,面对新中国一穷二白的经济基础,中国共产党领导人民在继续完成民主革命遗留任务基础上,迅速医治战争创伤,恢复国民经济,取得了在短期内实现国内工农业产值巨大增长的成就。经过 1949—1952 年间的大规模经济建设,中国的工农业产值实现了质的飞跃,据统计,1949—1952 年间,中国的农业总产值年均增长 14%,工业产值年均增长 34.8%,其中国营工业企业产值所占比重由 1949 年的 26.3% 上升到 1952 年的 41.5%,私营工业企业的产值增加了 54.2%。

在实现经济恢复和起步后,中国共产党人认为向社会主义过渡的时机已经到来了,并适时地提出了党在过渡时期的总路线。党在过渡时期总路线的鲜明特征,是将发展生产力与变革生产关系有机统一起来,即推动工业化建设的同时,开展对个体农业、个体手工业和资本主义工商业的社会主义性质的改造,"一化"和"三改"两者之间,密切关联、相互支撑。

党领导人民在推进社会主义改造的伟大实践中,创造性地开辟出了一条适合中国国情的社会主义改造道路,三大改造完成后,我国经济结构发生了深刻变化。据统计,国营经济由 1952 年 19.1% 的占比,上升为 1956 年 32.2% 的占比;合作社经济由 1952 年 1.5% 的占比,上升为 1956 年 53.459% 的占比;资本主义经济由 1952 年 6.9% 的占比,下降为 1956 年的 0%;个体经济由 1952 年 71.8% 的占比,下降为 1956 年 7.1% 的占比。除个体经济以外,社会主义性质的经济成分占到全国经济总量的 92.9%。1956 年底,以消灭私有制和剥削阶级、确立公有制为社会主义经济制度基础为目标的社会主义改造事业顺利完成,标志着我国由新民主主义社会进入社会主义社会。

总结从中华人民共和国成立到社会主义改造完成这段历史时期我们国家治理的经验,主要是在党的领导下,紧紧围绕实现社会主义工业化和完成三大改造这两大主要任务展开,紧紧依靠人民这一主体,推进社会主义改造事业发展,实现我国由新民主主义社会向社会主义社会的伟大转变。

社会主义制度建立起来以后,党领导人民进行了社会主义建设道路的初步探索。这一时期国家治理的目标,是坚持在党的领导下,依靠广大人民群众,以巩固和发展社会主义制度为根本,集中力量发展社会生产力,实现国家工业化,不断满足人民日益增长的物质文化需要。在社会主义建设道路初步探索的伟大实践中,中国共产党坚持将马克思主义基本原理同中国具体建设实际相结合,提出了指导社会主义建设的一系列科学方针政策。在社会主义建设道路初步探索伟大实践中,相继取得了一系列重要思想理论成果,包括《论十大关系》《关于正确处理人民内部矛盾的问题》,以及走中国工业化道路等一系列建设社会主义的具体方案。在这一时期,党领导人民坚持独立自主、自力更生的建设原则,艰苦奋斗、不懈努力,使我国在经济、政治、文化、社会、科技、教育、国防、卫生等各个领域取得了巨大发展成就,社会主义制度得以巩固和发展。

改革开放以来,党领导人民坚持以经济建设为治国理政的中心任务,实行了推进改革开放的一系列政策举措,为我国经济快速发展奠定了基础。在改革开放的伟大实践中,中国共产党人坚持将马克思主义基本原理同我国建设实际相结合,探索走出了一条中国特色社会主义建设道路,创立和形成了中国特色社会主义理论体系,丰富和繁荣了中国特色社会主义文化,发展和完善了中国特色社会主义制度。党领导人民在推进改革开放的伟大实践中,不断改革和完善我国的经济制度,坚决破除阻碍和影响我国生产力发展的体制机制障碍,构建起充满生机活力的社会主义市场经济体制,不断解放和发展生产力,推动中国经济持续快速增长,人民生活水平不断提高。紧紧围绕以经济建设为中心的治国理政,是从我国人口多、底子薄、生产力落后这一现实国情出发做出的必然选择,是解决人民日益增长的物质文化需要同落后的社会生产这一社会主要矛盾的根本之策。

党的十八大以来,以习近平同志为核心的党中央,继续坚持和加强党的全面领导,根据我国社会主要矛盾的新变化和国家事业发展的新目标,系统构建了国家治理理念,致力于推动国家治理体系和治理能力的现代化,实现了对马克思国家治理理论的创新和发展。

党的十八大以来,以习近平同志为核心的党中央,以全面建成小康社会为任务,以全面深化改革与全面依法治国为两翼,以全面从严治党为保障,确立了新形势下党和国家各项工作的战略方向、重点领域、主攻目标。

在党的十八届三中全会上，中国共产党第一次将"国家治理"和"现代化"结合起来，创造性地提出了国家治理体系和治理能力现代化这一概念，将国家治理现代化上升到国家政策层面。党的十九届四中全会全面回答了国家制度和国家治理方面，我国应该"坚持和巩固什么、完善和发展什么"的重大问题，使中国特色社会主义制度更加成熟、稳定，开辟了"中国之治"新境界。

总结党领导人民开展国家治理的经验，坚持在党的领导下，紧紧依靠广大人民，推进国家治理，是保证国家有效治理的关键。我国的社会主义制度属性，明确了一切权力属于人民，这就意味着人民群众是我国国家治理的主体力量，依靠人民实施国家治理，是实现国家治理有效性的根本保证。

习近平总书记关于"以人民为中心""坚持人民主体地位""坚持人民至上"等表述强调了人民在国家治理全局中的重要性。习近平总书记在中国共产党第十九次全国代表大会上指出："必须坚持人民主体地位，坚持立党为公、执政为民，践行全心全意为人民服务的根本宗旨，把党的群众路线贯彻到治国理政全部活动之中，把人民对美好生活的向往作为奋斗目标，依靠人民创造历史伟业。"[①]我国在推进国家治理现代化事业进程中，不仅将增进人民福祉作为价值目标，而且采取切实可行的措施保障人民在国家治理中的主体地位，这是对马克思国家治理主体观的继承和发展。

坚持在国家治理中紧紧依靠人民，需要不断健全人民当家作主的制度体系，拓宽人民参与国家治理的路径，保障人民参与国家治理的各项权益。

坚持在国家治理中紧紧依靠人民，需要坚持和贯彻以人民为中心的治理理念，尊重人民主体意愿，完善相应激励机制，调动和激发广大人民群众参与国家治理的积极性、主动性。

坚持在国家治理中紧紧依靠人民，需要坚持在社会经济发展的同时，促进人的全面发展，切实提高广大人民群众的思想道德素质和科学文化素质，为高素质国家治理主体培育创设有利条件，提供有益路径。

中国共产党领导的多党合作和政治协商制度，是团结各民主党派参政、议

政的一项重要政治制度,是发挥各民主党派人士智慧和力量的重要途径,是我国国家治理的显著优势。各民主党派人士是参与国家治理的重要力量,是我国国家治理的主体之一。

概言之,党领导下的国家治理主体,是以中国共产党为核心,包括各级政府组织、民主党派、社会团体和广大人民群众在内的多元治理主体。其中,中国共产党居于多元治理主体的领导核心地位,各级政府组织、民主党派、社会团体和广大人民群众在国家治理中的功能和作用是通过党的领导核心作用的发挥来实现的。

(三)国家治理内涵释义

关于国家治理的内涵,国内学者从不同的学科背景和专业领域出发,对其进行了广泛、深入的研究,通过对相关研究成果的梳理,具有代表性的观点如下。何增科认为:"国家治理是国家政权的所有者、管理者和利益相关者等多元行动者在一个国家的范围内对社会公共事务的合作管理,其目的是增进公共利益,维护公共秩序。"[1]薛澜、张帆等学者认为:"所谓国家治理,就是在理性政府建设和现代国家构建的基础上,通过政府、市场、社会之间的分工协作,实现公共事务有效治理、公共利益全面增进的活动与过程。"[2]王秀华、薛俊文等基于唯物史观认为:"国家治理是国家基于现有经济基础、国家制度与文化价值,凭借特定体制机制、法治规则与公共理念方式,为实现政权稳定、社会安全与发展进步而与社会领域发生互动的过程。"[3]

根据国内学者关于国家治理内涵的已有研究,再从国家治理的主体、客体和边界等不同视角,对国家治理内涵进一步分析,主要有以下三种解释。

第一种解释,是指以一国为边界的治理,这就意味着将国家作为治理单元,明确了治理的范围和边界。以边界和地域定义的治理,还包括乡村治理、城市

---

① 何增科:《理解国家治理及其现代化》,《马克思主义与现实》2014年第1期。

② 薛澜、张帆、武沐瑶:《国家治理体系与治理能力研究:回顾与前瞻》,《公共管理学报》2015年第3期。

③ 王秀华、薛俊文、闫春晓:《唯物史观视域下国家治理内涵辨析》,《职大学报》2019年第4期。

治理、街道治理、地区治理、全球治理等。

第二种解释，是指以国家为治理主体的治理，具体是指国家的执政者以国家为治理主体的治理。国家执政者通过国家政权组织、法律制度、方针政策，对国家各领域事务进行针对性管理和整治，以实现各领域内诸要素间的有机协同、高效运转。

第三种解释，是以国家为治理对象的治理，具体指以国家执政者为治理对象的治理，即强化执政者的执政能力建设，提高执政者的执政素养，使执政者具备胜任国家治理各项工作的能力。通过执政者的高效履职，保证国家治理的有效性。

以上三种对国家治理内涵的解释，分别以不同视角进行阐释，在具体分析和考察国家治理这一概念时，需要将这三种解释加以综合后进行分析和考察。

（四）国家治理的构成

国家治理，从构成上看，包括国家治理体系和国家治理能力两个方面。国家治理体系，是规范社会权力运行与维护公共秩序的一系列制度和程序。我国的国家治理体系，是党领导下管理国家各项事务的制度体系统称，包括经济、政治、文化、社会、生态等各个领域的制度体系，涉及治国、治党、治军，内政、国防、外交等方方面面，也就是指一整套紧密衔接、相互协调的国家制度。

中华人民共和国成立后，党领导人民进行不懈探索与实践，逐步建立起了与我国社会主义制度相适应的国家治理体系。这一治理体系的基础是社会主义政治制度，包括人民代表大会制度这一保障人民当家作主的根本政治制度，以及中国共产党领导的多党合作和政治协商制度、民族区域自治制度、基层群众自治制度等基本政治制度。

改革开放后，党领导人民在坚持社会主义政治制度基础上，逐步建立起了以公有制为主体、多种所有制经济共同发展的基本经济制度，以及文化、社会、生态文明和党的建设等各领域治理的具体体制、机制。

国家治理体系，是国家治理实践有效开展的制度架构，是国家治理的必备组成部分，完整意义上的国家治理体系一般包括以下三个系统。

第一，秩序系统。有效整合社会力量，为社会成员提供稳定、安全的制度体系。

第二,赋权系统。保证公民基本经济和社会权力的制度体系。

第三,创新系统。有效激发经济和社会创新活力的制度体系。

国家治理能力,即国家治理主体运用包括治理制度在内的各类治理资源,管理国家和社会事务、经济和文化事业,实现将各类治理要素转化为国家治理效能的能力和本领。国家治理能力实施的领域,涉及改革、发展、稳定,内政、国防、外交,治国、治党、治军等方方面面,涵盖经济、政治、文化、社会、生态、党建等各个领域。

国家治理主体的核心素养,是国家治理能力的核心要素。提升国家治理能力的关键,是要不断提高国家治理主体的思想道德素质和科学文化素质,使其适应国家治理实践发展需要。建设适应现代化要求的高素质干部队伍,是提高国家治理效能的关键。

对国家治理能力的评价标准,主要体现在以下方面。

第一,有效性评价。国家治理主体是否在国家治理实践中充分发挥自身才能,以保证国家治理能力在有效、有限度的框架内被合理使用。

第二,完整性评价。对国家治理能力内容的完整性评价,即国家治理能力是否包括了资源汲取能力、秩序稳定能力、公共服务提供能力、公共危机应对能力等在内的完整能力体系。

第三,效率评价。对国家治理能力运用效果的评价,即国家治理能力在运用上多大程度实现了国家治理目标。

四、国家治理现代化

(一)国家治理现代化内涵

国内学者对什么是国家治理现代化,以及国家治理现代化的层次、特征进行了一定程度的研究。俞可平认为:"国家治理的理想状态,就是善治。""善治就是公共利益最大化的治理过程,其本质特征就是国家与社会处于最佳状态,是政府与公民对社会政治事务的协同治理。"①胡鞍钢认为,国家治理现代化,"即治理制度和治理能力作为现代政治要素,不断地、连续地发生由低级到高级的突破性变革的过程"②。张文显认为:"国家治理现代化的实质与重心,是在治理体系和治理能力两方面充分体现良法善治的要求,实现国家治理现代化。"③李林也认为:"推进国家治理的现代化,就是要推进和实现国家治理体系和治理能力的法治化、民主化、科学化和信息化,其核心是推进国家治理的法治化。"④

现代化是世界各国普遍追求的目标,实现现代化需要一系列构成要素及相关条件,这些要素通过自身变革和相互之间组合方式的调整,实现突破性的变化。实现国家治理现代化,需要国家治理内部各要素,包括国家治理理念、国家治理主体、国家治理制度、国家治理体系、国家治理能力等,实现自身的突破性变化和相互之间组合方式的调整。

习近平总书记指出,国家治理现代化,"就是要适应时代变化,既改革不适应实践发展要求的体制机制、法律法规,又不断构建新的体制机制、法律法规,使各方面制度更加科学、更加完善,实现党、国家、社会各项事务治理制度化、规范化、程序化"⑤。

国家治理现代化,是国家治理体系现代化和国家治理能力现代化的有机统一。我国的国家治理体系,是党领导下管理国家的一整套密切联系、相互配合的制度体系。

国家治理体系现代化,指通过改革淘汰国家治理制度中陈旧过时、阻碍发展的部分,完善国家治理的体制机制、法律法规,推动国家治理的各项制度日益科学完善,推动和实现国家治理的制度化、科学化、规范化、程序化。

国家治理能力现代化,指国家治理主体熟练运用现代国家治理体系,高质、高效实施国家治理的能力和本领。

---

① 俞可平:《推进国家治理体系和治理能力现代化》,《前线》2014 年第 1 期。
② 胡鞍钢:《中国国家治理现代化的特征与方向》,《国家行政学院学报》2014 年第 3 期。
③ 张文显:《法治与国家治理现代化》,《中国法学》2014 年第 4 期。
④ 李林:《依法治国与推进国家治理现代化》,《法学研究》2014 年第 5 期。
⑤ 习近平:《切实把思想统一到党的十八届三中全会精神上来》,《人民日报》2014 年 1 月 1 日。

从实践上看,国家治理体系现代化是国家治理现代化的重要基石。现代化国家治理体系是一个有机、协调、动态和整体的制度运行系统。衡量国家治理体系现代化的标准,主要有以下几点。

第一,公共权力运行的制度化、规范化。

第二,公共治理和制度安排,能有效保证人民主体地位,公共政策能充分体现人民意志。

第三,宪法和法律成为公共治理的最高权威,不允许任何人和任何组织有超越法律的权力。

第四,能够有效维护社会稳定和社会秩序。

第五,是在国家治理中发挥作用的,一整套相互协调、有机衔接、密不可分的制度体系。

国家治理体系和国家治理能力是相辅相成的有机整体,推进国家治理体系和治理能力现代化,是国家治理过程有机衔接、密不可分的两个方面。

影响国家治理能力现代化的因素,除了国家治理体系这一制度因素外,还与国家治理主体本身的素质和能力有关,纵使有完备的国家治理体系,如果国家治理主体自身素养不过关,自身素质不合格,也难以运用系统、完备的国家治理体系,进而高质量开展国家治理。因此,提高国家治理能力的关键,在于提高国家治理主体的自身素质和能力,以实现在特定国家治理目标指引下,对国家治理体系的高效运作。

(二)国家制度与国家治理体系之间的区别

国家制度、国家治理体系二者之间存在区别,国家制度是国家治理的基本依据。中国特色社会主义制度是党和人民在长期实践探索中形成的科学制度体系,我国国家治理的一切工作和活动都要依照中国特色社会主义制度来展开。

党的十八大以来,我国通过全面深化改革,不断完善和发展了中国特色社会主义制度,各方面制度更加成熟定型,中国特色社会主义根本制度更加系统完备,中国特色社会主义基本制度更加科学规范,中国特色社会主义重要制度更加运行有效。

中国特色社会主义根本制度处于中国特色社会主义制度体系的顶层,起着决定性、全局性、指导性的作用,覆盖改革发展稳定、内政外交国防、治党治国治军等一切方面、所有领域。中国特色社会主义根本制度包括根本领导制度、根本政治制度等。

我国的根本领导制度,是党的领导制度。根本政治制度,是人民代表大会制度。

中国特色社会主义基本制度,是体现和反映国家政治、经济与社会生活的基本原则,对国家政治、经济和社会生活产生重大影响的制度。中国特色社会主义基本政治制度包括中国共产党领导的多党合作和政治协商制度、民族区域自治制度、基层群众自治制度。基本经济制度包括以公有制为主体、多种所有制经济共同发展的所有制制度,按劳分配为主体、多种分配方式并存的分配制度,社会主义市场经济体制等制度。

中国特色社会主义重要制度是由根本制度、基本制度派生出来的、国家治理各个具体领域和经济社会生活各个方面的主体性制度。中国特色社会主义重要制度包括了经济体制、政治体制、文化体制、社会体制、生态文明体制、社会主义法治体系、党的建设制度等。

中国特色社会主义制度规定了国家治理的性质,明确了国家治理领域,涉及了国家治理的主体、原则、对象、运行规则等一系列内容,是国家治理有效开展的根本制度依据。

国家治理体系是国家制度落实到国家治理实践中的具体表现,这一体系包括国家治理的组织领导体系、政策法规体系、力量构成体系、资源要素体系等。

国家治理体系是一个复杂、巨大的系统,仅就其组织领导体系而言,包括党的领导体系、政权结构体系、国家法治体系、政府治理体系、武装力量体系、群团工作体系等。是在党统一领导下,人大、政府、政协、检察机关、审判机关、武装力量、人民团体、企事业单位、基层群众自治组织、社会组织等各方面协调行动的系统工程。

国家制度和国家治理体系,二者相辅相成、相得益彰。推进国家治理现代化事业,要抓住完善社会主义根本制度、基本制度、重要制度的关键环节,持之以恒地完善各项制度,使之科学化、规范化、程序化。要不断增强中国特色社会主义制度的执行力,加强党和国家各方面的系统治理、依法治理、综合治理、源头治理,不断推进国家治理体系和治理能力的现代化,不断提高国家治理效能。

(三)国家治理现代化的特征

第一,治理主体的多元化。我国的国家治理主体,是包括中国共产党、各级政府、社会组织和全体公民在内的多元治理主体。其中,我国国家治理的领导主体,是中国共产党。实现国家治理现代化这一艰巨任务,必须始终坚持党的领导、依靠党的领导。

第二,治理结构的分权化。为保证国家治理的有效性,就需要在各类国家治理主体之间构建权力与责任的平衡机制,构建多层次的分权结构。分权类型,主要包括纵向分权、横向分权和内外分权三种。就我国而言,纵向分权就是调整中央和地方的权力关系和权力结构,赋予地方治理更多自主权,以保证治理资源的合理使用,重塑地方和基层治理模式。党的十八届三中全会通过的《中共中央关于全面深化改革若干重大问题的决定》明确指出:"进一步简政放权,深化行政审批制度改革,最大限度减少中央政府对微观事务的管理……直接面向基层、量大面广、由地方管理更方便有效的经济社会事项,一律下放地方和基层管理。"①

横向分权就是扩大行政权的主体范围,优化政府组织结构,理顺部门职责关系,实现政府决策的多元化、分散化、社会化。党的十八届三中全会明确指出:"转变政府职能必须深化机构改革。优化政府机构设置、职能配置、工作流程,完善决策权、执行权、监督权既相互制约又相互协调的行政运行机制。"②

内外分权的核心在于还权于民,"治理是各种公共的或私人机构,管理其共同事务的方法总和,是使相互冲突的利益得以调和,并可能采取联合行动的持

---

① 《中共中央关于全面深化改革若干重大问题的决定》,《人民日报》2013 年 11 月 16 日。

② 《中共中央关于全面深化改革若干重大问题的决定》,《人民日报》2013 年 11 月 16 日。

续过程"①。党的十八届三中全会通过的《中共中央关于全面深化改革若干重大问题的决定》对政府与市场、社会的关系进行了解释，即"处理好政府和市场的关系，使市场在资源配置中起决定性作用和更好发挥政府作用""正确处理政府和社会关系，加快实施政社分开，推进社会组织明确权责、依法自治、发挥作用。适合由社会组织提供的公共服务和解决的事项，交由社会组织承担"②。

第三，治理制度理性化。国家治理现代化，需要构建系统、稳定的国家治理体系，并通过这一治理体系的有效运行，抑制治理结构和治理过程中各种非理性行为，确保国家治理平稳、高效。

第四，治理方式民主化。治理方式民主化，即通过规范、有效的制度设计，实现国家治理中决策、管理和监督各环节上的民主化。

第五，治理方式法治化。治理方式法治化，即国家治理主体在法律、规则、程序等制度的约束下，开展各自职能活动和社会行为。

第六，治理手段现代化。即运用现代技术手段，提高国家治理的针对性和实效性。总结党领导人民，探索中国特色社会主义国家治理实践经验，坚持政治引领、法治保障、德治教化、自治强基、智治支撑，是实现国家治理现代化的手段和方式。

(四)我国国家治理现代化的提出过程

党的十八届三中全会审议通过的《中共中央关于全面深化改革若干重大问题的决定》明确提出："全面深化改革的总目标是完善和发展中国特色社会主义制度，推进国家治理体系和治理能力现代化。"③首次将"推进国家治理体系和治理能力现代化"作为实现国家治理现代化的重要任务。

国家治理体系现代化，就是要建立起一系列合理的国家治理制度体系。国

---

① The Commission on Global Governance. *Our Global Neighbourhood：the Report of the Commission on Global Governance*. Oxford University Press,1995,P. 2。

② 《中共中央关于全面深化改革若干重大问题的决定》,《人民日报》2013 年 11 月 16 日。

③ 《中共中央关于全面深化改革若干重大问题的决定》,《人民日报》2013 年 11 月 16 日。

家治理能力现代化,就是在有效执行、高效落实国家治理体系过程中,提高理性、公平解决各种国家治理问题的能力。

在实现国家治理体系和治理能力现代化的时间规划上,党的十九大做出了到 2035 年基本实现国家治理体系和治理能力现代化的承诺。2019 年 10 月,党的十九届四中全会通过的《中共中央关于坚持和完善中国特色社会主义制度 推进国家治理体系和治理能力现代化若干重大问题的决定》,系统总结我国国家治理体系的显著优势,深入回答在我国国家治理体系上应该“坚持和巩固什么、完善和发展什么”这一重大政治问题,提出我们既要坚持好、巩固好经过长期实践检验的我国国家制度和国家治理体系,又要完善好、发展好我国国家制度和国家治理体系,不断把我国制度优势更好转化为国家治理效能。

《中共中央关于坚持和完善中国特色社会主义制度　推进国家治理体系和治理能力现代化若干重大问题的决定》还明确了坚持和完善中国特色社会主义制度,推进国家治理体系和治理能力现代化的总体目标:“到我们党成立一百年时,在各方面制度更加成熟更加定型上取得明显成效;到二〇三五年,各方面制度更加完善,基本实现国家治理体系和治理能力现代化;到新中国成立一百年时,全面实现国家治理体系和治理能力现代化,使中国特色社会主义制度更加巩固、优越性充分展现。”①

党的十九届五中全会在规划“十四五”时期经济社会发展的主要目标上,明确了“十四五”时期国家治理目标,即国家治理效能得到新提升。

实现国家治理现代化,需要切实转变政府职能,提升政府治理能力。党的十八届三中全会在推进政府职能转变的部署中指出:“科学的宏观调控,有效的政府治理,是发挥社会主义市场经济体制优势的内在要求。必须切实转变政府职能,深化行政体制改革,创新行政管理方式,增强政府公信力和执行力,建设法治政府和服务型政府。”②

党的十八届三中全会还围绕正确处理政府与市场的关系问题,提出了让市

---

① 《中共中央关于坚持和完善中国特色社会主义制度　推进国家治理体系和治理能力现代化若干重大问题的决定》,《人民日报》2019 年 11 月 6 日。

② 《中共中央关于全面深化改革若干重大问题的决定》,《人民日报》2013 年 11 月 16 日。

场在资源配置中起决定性作用和更好发挥政府职能相结合,这就是说要准确界定政府与市场的边界,明确政府与市场的各自职能,在资源配置中充分运用计划和市场两种手段,实现资源配置效率最大化。正确处理政府与市场之间的关系,需要切实转变政府职能,明确政府对市场的监管职责,维护好市场竞争规则,使计划和市场两种手段能够有机衔接、协同发力,实现有效市场和有为政府相得益彰的发展。

社会治理是国家治理的重要组成部分,党的十八届三中全会在创新社会治理体制时提出,要改进社会治理方式,"坚持系统治理,加强党委领导,发挥政府主导作用,鼓励和支持社会各方参与,实现政府治理和社会自我调节、居民自治良性互动"①。这就需要建立多方参与、多元共治的社会治理体系,最大限度调动各类主体参与社会治理的积极性,使多元主体参与下的社会治理更加科学、高效。

(五)我国现代化理论的形成与发展

自 2013 年 11 月,党的十八届三中全会提出"国家治理体系和治理能力现代化"重大命题以来,国内学者将"国家治理体系和治理能力现代化"概括为"国家治理现代化",并认为"国家治理现代化"是继工业、农业、国防和科学技术四个现代化之后的"第五化"。

从党领导人民推进现代化的进程来看,以毛泽东为代表的中国共产党人,根据中华人民共和国成立后我国经济文化发展落后的基本国情,相继提出了"由落后的农业国转变为先进的工业国"的现代化理论和"四个现代化"理论,将国家工作重心放到集中力量发展生产力上面,逐步实现社会主义国家工业化。

1945 年毛泽东在《论联合政府》中,首次提出实现工业和农业现代化目标。1954 年 9 月,周恩来在第一届全国人大第一次会议上所作的《政府工作报告》中说,如果我们不建设起强大的现代化的工业、现代化的农业、现代化的交通运输业和现代化的国防,我们就不能摆脱落后和贫困。之后,周恩来又提出,实现四

---

① 《中共中央关于全面深化改革若干重大问题的决定》,《人民日报》2013 年 11 月 16 日。

个现代化,关键在于实现科学技术现代化。

1959 年初毛泽东在读苏联《政治经济学教科书》时,提出了全面的现代化理论,即建设工业现代化、农业现代化、科学文化现代化、国防现代化。

1964 年周恩来在三届全国人大一次会议上所作的《政府工作报告》中,正式将"四个现代化"完整表述为"全面实现工业、农业、国防和科学技术的现代化"。"四个现代化"理论,明确了我国在一个相当长时期内,社会主义建设的奋斗方向和目标。

改革开放以来,以邓小平为核心的中国共产党人,提出了"中国特色社会主义现代化"命题,强调要"坚定不移地走自己的路,建设有中国特色的社会主义"。"走自己的路,建设有中国特色的社会主义"这一命题,蕴含着我国要通过走中国特色社会主义道路,建设中国特色社会主义现代化。

中国共产党人对建设中国特色社会主义现代化目标的认识,经历了一个不断发展和逐步深化的过程。中国共产党第十三次全国代表大会提出了党在初级阶段的基本路线。社会主义初级阶段的基本路线明确了要把我国建设成为"富强、民主、文明"的社会主义现代化国家。

中国共产党第十六届中央委员会第六次全体会议首次将"和谐"纳入社会主义现代化建设目标,即到 21 世纪中叶,把我国建设成为"富强、民主、文明、和谐"的社会主义现代化国家。

中国共产党第十九次全国代表大会又将"美丽"纳入社会主义现代化建设目标,即我国要建成的社会主义现代化,是"富强、民主、文明、和谐、美丽"的社会主义现代化。我国社会主义现代化建设目标的内涵不断丰富和拓展着。

中国共产党第二十次全国代表大会提出了"以中国式现代化,全面推进中华民族伟大复兴"这一中心任务。中国式现代化,是区别于西方现代化的独具特色的现代化发展模式,既有各国现代化的普遍特征,更有基于中国国情的中国特色。现代化作为现代文明的表征,其文明共性是工业化、城市化、信息化、法治化及人的现代化。马克思认为,在世界历史进程中,生产力的普遍发展和人的普遍交往催生了现代社会的发展,进而使各个民族地域性的生产方式转变为世界历史性的生产方式。

中国式现代化并不是在孤立和封闭的环境下产生的,而是在经济全球化和国际分工体系日益深化的大背景下开创的。从深层次上看,现代化致力于人的自由而全面的发展,物质财富极大丰富,人的精神境界极大提高,每个人自由而全面发展,是马克思主义的崇高目标和远大理想,也是现代化的应有之义。

生产力和生产关系、经济基础和上层建筑的矛盾运动,带来人类生产方式、消费方式、文化方式、社会交往方式的变革,进而影响人们思想观念、精神面貌、心理状态、思维方式、道德素质的变化。实现现代化的主体是人,现代化的核心就是人的现代化,人的现代化包括人的主体意识的现代化和人口素质的现代化,人的主体意识的现代化,包括思想观念、认知能力、创新能力、心理实践能力。人口素质的现代化,包括人口结构、人的身体健康素质、思想道德素质、科学文化素质等。

在推进现代化的进程中,既要充分发挥人的主观能动性,以人的主观能动性发挥促进现代化进程,也要在现代化进程中,不断增强人的主体意识,以及素质的现代化程度和水平,实现物质资料生产方式现代化与人的现代化二者的有机统一。

国家治理现代化,是国家治理体系现代化和国家治理能力现代化的有机统一。国家治理现代化的核心,是国家治理主体的现代化。国家治理主体是推动国家治理现代化的核心要素,在国家治理现代化进程中,国家治理主体本身的思想道德素质、科学文化素质和治理能力影响和决定着国家治理成效。实现国家治理主体现代化,就是要不断提高国家治理主体的思想道德素质和科学文化素质,提高国家治理主体运用国家治理体系治理国家的能力和本领,提高国家治理主体运用各类治理资源向国家治理效能的转化率。

依据马克思的唯物史观,原始社会、奴隶社会、封建社会、资本主义社会、共产主义社会,是在生产力与生产关系、经济基础与上层建筑的矛盾运动中更迭的。生产力是推动社会形态更替的决定性力量,生产关系对生产力具有反作用,当生产关系适应生产力发展要求时,就会对生产力的发展起到促进作用,否则,将造成阻碍。经济基础决定上层建筑,上层建筑反作用于经济基础,并通过经济基础对生产力产生促进和阻碍作用。

国家治理现代化,是社会意识形态和政治法律制度的现代化,本质上是上层建筑的现代化,表现在治理理念、治理手段、治理体系、治理能力等多个方面,并以经济基础为中介,促进生产力的解放和发展。

五、国家治理现代化与社会主义核心价值观的研究

通过对国内学者关于国家治理现代化与社会主义核心价值观二者之间关系研究成果的梳理,笔者整理出如下具有代表性的观点。双传学认为:"核心价值观是在整个社会价值体系中居于最基础、最核心的部分,它体现价值体系的基本特质,对一般价值观起统率、主导和支配作用,蕴含于一个国家的制度、法律、规范之中,对国家治理活动发挥重要影响。"①胡宝荣、李强认为:"社会治理与价值观是紧密联系在一起的。价值观既是社会治理的重要内容,也是社会治理的重要精神力量。"②徐瑞鸿认为:"国家治理现代化既是制度现代化的历史书写,亦是中国特色社会主义核心价值意义同构、发展和实现的过程。"③王伟杰认为:"社会主义核心价值观是国家治理现代化的逻辑前提,引领国家治理现代化的价值观念,是国家治理现代化的不竭动力,为国家治理现代化提供制度原则和评判标准,以此构成了国家治理体系和治理能力现代化的重要支撑。"④

社会主义核心价值观是中国特色社会主义文化的价值内核,是社会主义文化的核心要义。推进国家治理现代化,必须在全体人民中间广泛、深入地开展社会主义核心价值观培育工作,使社会主义核心价值观成为全体公民的价值追求、行为准则,使社会主义核心价值观切实发挥出对国家治理的价值引领功效。

首先,社会主义核心价值观是国家治理现代化的内容之一。2014 年,习近平总书记在省部级主要领导干部学习贯彻十八届三中全会精神全面深化改革专题研讨班上的讲话强调,推进国家治理体系和治理能力现代化,"要大力培育和弘扬社会主义核心价值体系和核心价值观,加快构建充分反映中国特色、民族特性、时代特征的价值体系,努力抢占价值体系的制高点"⑤。

① 双传学:《社会主义核心价值观与国家治理现代化的契合性:基于软实力的一种考察视角》,《中国特色社会主义研究》2014 年第 6 期。

② 胡宝荣、李强:《论社会主义核心价值观在社会治理中的作用》,《中国特色社会主义研究》2014 年第 2 期。

③ 徐瑞鸿:《将社会主义核心价值观融入国家治理现代化》,《人民论坛》2016 年第 2 期。

④ 王伟杰:《社会主义核心价值观:国家治理体系和治理能力现代化的重要支撑》,《中共合肥市委党校学报》2017 年第 3 期。

⑤ 《习近平关于全面深化改革论述摘编》,中央文献出版社 2014 年版,第 88 页。

我国国家治理的探索与实践,始于新中国成立以后,并先后经历了国家治理体系基本框架的构建(1949—1978)、国家治理体系的适应性调整(1979—2012)、国家治理体系和治理能力现代化的大力推进(2012年至今)几个阶段。我国提出国家治理体系和治理能力现代化这一重要战略构想,是在中国特色社会主义进入新时代以后,是国家治理理论的重大创新。

国家治理体系和国家治理能力是一个相辅相成的有机整体,有了好的国家治理体系才能真正提高国家治理能力,提高国家治理能力才能真正发挥国家治理体系的效能。推进国家治理体系和治理能力现代化,必须发挥社会主义核心价值观的作用。一个国家的治理体系和治理能力是与这个国家的历史传承、文化传统密切相关的,任何政治制度、经济制度、社会制度,都无不蕴含着特定国家和民族的核心价值观。社会主义核心价值观决定着中国特色社会主义的发展方向,是顺利推进国家治理体系和治理能力现代化的价值基础。对于一个国家和民族而言,如果不坚持自己的核心价值观,如果没有自己的精神独立性,那么,其在政治、思想、文化、制度等方面也就失去了自主性和独立性的根基。

因此,构建起反映社会主义制度本质属性,具有强大凝聚力、感召力的核心价值观,是实现国家治理现代化的内在要求和应有之义。

其次,社会主义核心价值观为国家治理现代化提供思想保障和方向引领。党的二十大报告明确提出,要以中国式现代化,全面推进中华民族的伟大复兴。中国式现代化是以马克思主义为指导、中国共产党领导的社会主义现代化,具有独立性、自主性、内生性、创新性的综合特征,是一种原创性的新型现代化。中国式现代化具有五个方面的重要特征。

第一,中国式现代化是人口规模巨大的现代化。截至2020年末,全球实现现代化的国家和地区不超过30个,总人口约为10亿人。我国目前的人口规模总量已超14亿人,在中国大地上实现现代化,必然是14多亿人口整体迈入现代化。这就意味着,我国未来进入现代化的人口规模总量要超过所有已进入现代化国家和地区的人口总和。推动和实现人口规模巨大的现代化,必须充分挖掘我国人力资源潜力,高效利用我国人口资源红利,加快提升人口整体素质,推动我国由人力资源大国迈向人力资源强国。

第二,中国式现代化是全体人民共同富裕的现代化。共同富裕,是中国式现代化的价值追求,也是社会主义本质的体现。我国所实现的共同富裕,虽不是同步富裕、同时富裕,但也绝不是少数人的富裕或一部分人的富裕,而是通过逐步缩小发展差距,由发展不全面到全面、不平衡到平衡,由先富带动后富,逐步缩小差距,最终实现共同富裕的递进过程。

第三,中国式现代化是物质文明和精神文明相协调的现代化。与西方国家重视物质文明现代化,忽视精神文明现代化不同,中国式现代化在实现现代化的过程中,追求物质文明现代化与精神文明现代化的协调统一。我国在推进和实现现代化进程中,不仅要建设高度发达的物质文明,也要建设高度发达的精神文明。与过去任何社会精神文明不同之处在于,社会主义精神文明是建立在生产资料公有制基础上的,本质上是属于无产阶级和人民大众的文明,其成果为广大人民所享用。社会主义精神文明,不但有高度发达的科学技术、教育和文化事业为物质文明建设提供智力支持,而且有马克思主义科学理论做指导,形成能促进社会主义事业健康发展的思想、政治、道德观念,为物质文明建设提供精神动力。社会主义核心价值观是社会主义精神文明建设的价值内核,为社会主义精神文明建设提供重要价值资源。

第四,中国式现代化是人与自然和谐共生的现代化。中国式现代化道路,是一条生产发展、生活富裕、生态良好的文明发展道路,是实现人与自然和谐共生的可持续发展的现代化道路。西方国家的现代化道路,是通过对自然资源的掠夺,以损害和牺牲生态环境为代价的现代化之路,是一条先污染、后治理的现代化道路。与西方现代化道路不同,中国式现代化道路,是实现人与自然和谐共生的现代化道路,在推进现代化进程中,最大限度地保护自然生态环境,在自然生态承载力范围之内,推进我国现代化。实现人与自然的和谐共生,需要从根本上转变我国发展方式,从依靠要素资源投入推动经济发展,转向依靠创新驱动推动经济发展。要在发展中减少对资源能源的消耗,提高对资源能源的利用效率,调整产业结构,优化能源结构,推动和实现人与自然的和谐共生。

第五,中国式现代化是走和平发展道路的现代化。崇尚和平、追求和平,始终是中华民族的文明理念、价值追求。和平发展道路,就是通过创造和平的外部环境,发展自己,又通过自己的发展,创造和平外部环境的现代化发展道路。和平发展道路,从根本上摒弃了西方国家的国强必霸现代化发展老路,是一条崭新的文明发展之路。中华民族一直以来,就有爱好和平、珍惜和平、追求和平的文化传统,中国实现和平崛起,也将为世界上那些想发展而还未发展起来的国家提供更多中国智慧、中国方案。

中国式现代化的五个特征之中,本身蕴含着富强、民主、文明、和谐,自由、平等、公正、法治,爱国、敬业、诚信、友善等价值追求,建成社会主义现代化强国,要求将富强、民主、文明、和谐,自由、平等、公正、法治作为根本价值指引,培育具有爱国、敬业、诚信、友善价值观的公民,为实现以中国式现代化、全面推进中华民族伟大复兴创造根本前提。

社会主义核心价值观为国家治理现代化和中国式现代化提供了价值指引和方向引领,有力保证了国家治理现代化和中国式现代化的社会主义方向。

最后,国家治理现代化为社会主义核心价值观培育拓展新路径。社会主义核心价值观培育,需要通过教育引导、舆论宣传、文化熏陶、制度保障、实践养成等途径加以落实。推进国家治理现代化,要及时、有效地发挥社会主义核心价值观的作用,为国家治理源源不断地输入合法性资源。

适应国家治理现代化对社会主义核心价值观的新要求,需要不断创新社会主义核心价值观的培育手段,丰富社会主义核心价值观的培育形式,完善社会主义核心价值观的培育机制,拓展社会主义核心价值观的培育路径,不断增强社会主义核心价值观的培育实效,尤其是要发挥国家治理手段的强制约束力。推动社会主义核心价值观落细、落小、落实在国家治理的各个层面、各个领域、各个环节之中,实现社会主义核心价值观在国家治理实践中合法性的动态证成。

一方面,实现国家治理现代化,需要厚植社会主义核心价值观这一价值基础,遵循社会主义核心价值观的价值指引,接受社会主义核心价值观的价值评判。另一方面,国家治理现代化又为社会主义核心价值观培育拓展了新路径。社会主义核心价值观作为一种价值资源,本质上属于社会意识范畴,由于社会存在决定社会意识,社会意识对社会存在具有能动反作用,社会主义核心价值观作为一种社会意识,它的产生、传播与该时代社会结构及其变迁密切相关。社会主义核心价值观的培育应立足现代中国社会主义建设实际,贯穿于经济发展和国家治理实践之中,依托国家治理中的路线、方针和政策,从而提高社会主义核心价值观培育实效。

第二节　中华优秀传统文化中的国家治理智慧

党的二十大报告指出："中华优秀传统文化源远流长、博大精深，是中华文明的智慧结晶，其中蕴含的天下为公、民为邦本、为政以德、革故鼎新、任人唯贤、天人合一、自强不息、厚德载物、讲信修睦、亲仁善邻等，是中国人民在长期生产生活中积累的宇宙观、天下观、社会观、道德观的重要体现，同科学社会主义价值观主张具有高度契合性。"[1]充分挖掘我国古代丰厚德治思想，推动其创造性转化、创新性发展，是中国特色社会主义道德建设的内在要求，也将为我国国家治理提供丰厚德治资源和有益思想借鉴。我国古代德治思想内涵丰富、体系完整，具有代表性的德治思想主要体现在以下思想中。

一、天下为公的德治思想

（一）中国古代天下为公德治思想概述

天下为公中的"公"，指国家、社会和大众。只有天下是所有人的天下时，国家治理才能有效。因此，天下为公是实现国家有效治理的前提条件。

大道之行、天下为公的大同理想，产生于古人对大同理想社会的追求，关于大道之行、天下为公大同思想的描述，最早载于两千多年前的《礼记·礼运》之中。关于大同德治思想的描述，在《礼记·礼运》中有记载："大道之行，天下为公，选贤与能，讲信修睦""是故谋闭而不兴，盗窃乱贼而不作，故外户而不闭，是谓大同"。[2] 古人对大同理想社会的描述，内含国家治理的智慧，要在国家治理中真正实现谋闭而不兴、盗窃乱贼而不作、外户而不闭这一社会状态，需要天下为公这一根本条件。古人对天下为公大同社会的追求，反映了人民内心的美好

---

① 习近平：《高举中国特色社会主义伟大旗帜　为全面建设社会主义现代化国家而团结奋斗：在中国共产党第二十次全国代表大会上的报告》，《人民日报》2022 年 10 月 26 日。

② （清）朱彬：《礼记训纂》，中华书局 1996 年版，第 331 页。

夙愿,体现了人类社会由低到高发展的必然趋势。

《吕氏春秋·孟春纪·贵公》中亦记载:"昔先圣王之治天下也,必先公。公则天下平矣……天下,非一人之天下也,天下之天下也。"①意思是说过去圣明的君主治理天下,一定要以公平为先,能做到公平,天下就太平了。《商君书·修权》中也记载:"故公私之交,存亡之本也。"②意指尧舜治理的核心,即天下为公。也正因为如此,他们才能够建功立业,为天下人所拥戴。

天下为公治理理念,蕴含着政治学、伦理学的价值原则。天下代表的就是人民,民意民心就是天下价值的根本表征。天下为公的国家治理思想,揭示了国家治理有效性的根本条件,唯有天下成为全体人民所共有的天下,才能凝聚全体人民智慧,汇聚全体人民之力,才能实现发展为了人民、发展依靠人民、发展成果为全体人民所共享,才能实现人与人之间和谐共处的良好状态,才能从根本上保证社会秩序稳定、国家治理有效。

(二)天下为公德治思想的继承与发展

大道之行、天下为公的大同理想,深刻塑造了中华文化的价值追求,影响着中华文明的发展进程,为马克思主义传入中国、扎根中国提供了丰富的思想文化土壤。中国传统文化与马克思主义具有契合性,大同文化是中国传统文化的重要组成部分,与马克思所描述的共产主义理想高度相似。马克思所描述的共产主义社会,是人人平等、共同劳动、各取所需的理想社会,实现了生产资料公有制基础之上的人与人之间的真正平等。

新民主主义革命时期,中国共产党领导人民在政治上要实现的目标,是推翻帝国主义、封建主义和官僚资本主义的反动统治,最终建立起与最广大人民利益相一致的国家政权,使人民真正成为国家的主人。新民主主义的经济纲领是"没收封建阶级的土地归农民所有,没收蒋介石、宋子文、孔祥熙、陈立夫为首的垄断资本归新民主主义的国家所有,保护民族工商业"③。新民主主义的文

---

① (战国)吕不韦:《吕氏春秋》,陆玖译注,中华书局 2011 年版,第 21—22 页。
② (秦)商鞅:《商君书》,石磊译注,中华书局 2009 年版,第 108 页。
③ 《毛泽东选集》第四卷,人民出版社 1991 年版,第 1253 页。

化，"就是人民大众反帝反封建的文化"①。党领导人民在新民主主义革命伟大实践中摆脱被剥削、被奴役的悲惨命运，实现民族独立和人民解放，这一根本追求与古代社会天下为公的价值追求，具有相同的价值品质。

中华民族历来讲求"天下一家"，主张民胞物与、协和万邦、天下大同，憧憬"大道之行，天下为公"的美好世界。党的十八届五中全会首次正式提出新发展理念。新发展理念即创新、协调、绿色、开放、共享。其中共享发展理念，注重解决社会公平正义问题。共享发展理念的主要内涵是全民共享、全面共享、共建共享、渐进共享。贯彻共享发展理念，突出强调在经济社会发展进程中，让经济社会发展成果更多、更公平地回馈到广大人民群众之中，切实增强人民群众的获得感、幸福感。

共享发展理念与天下为公的治国理念，在价值追求上相通。以共享理念为引领的发展，使公平正义进一步凸显，有助于实现人民对美好生活的向往，缩小发展差距、收入差距，与古代社会天下为公的价值追求，具有极其相似的价值品质。

共享发展理念体现并反映了社会主义制度的价值追求。坚持共享发展，从根本上否定了以生产资料私有制为基础，少数剥削阶级无偿占有广大劳动者劳动成果这一不平等的分配关系，最大限度地保障了全体人民的共同利益，将有助于激发全体人民建设中国特色社会主义的热情，为实现中华民族的伟大复兴提供主体力量和动力源泉。

二、六合同风、四海一家的德治思想

(一)中国古代六合同风、四海一家德治思想概述

中国作为统一的多民族国家，虽然各民族的民族文化、社会习俗、宗教信仰不同，但经过长期的历史演进，各民族之间形成了患难相助、荣辱与共、多元一体的格局，爱好和平、维护统一始终是各民族的不懈追求。中国在历史发展长河中，虽有过短暂的分裂，但统一始终是历史发展的主流。《汉书·王吉传》中

---

① 《毛泽东选集》第二卷，人民出版社1991年版，第698页。

记载:"《春秋》所以大一统者,六合同风,九州共贯也。"①意思是,周朝能够实现君临天下的统一局面,是因为周朝实现了"六合同风",全国上下政令贯通划一。六合同风的国家治理局面得以实现,是因为全国各族人民认同并践行的共同价值观将人民融合在了一起。

如何在全体人民中间培育广泛、一致的价值认同,孔子认为,为政者要以身作则,以德示人,使人民信服。《傅子》中记载:"正己者,所以率人也。"②这就是说,如果上位者是一个品行端正的人,就会产生上行下效的功效,下属就会纷纷修炼自己的品行。《礼记·乐记》中也记载:"君好之,则臣为之;上行之,则民从之。"③意指君王要时刻注重修炼自身德行,以身作则、以上示下,引领人民养成好的品行。《群书治要·后汉书》中记载:"务进仁贤,以任时政,不过数人,则风俗自化矣。"④这就是说,一定要任用贤德的人来从政,如果为政者是贤德之人,尽管人数不多,但社会风俗能够自然得到转化,由恶变善。如果为政者是贤德之人,就能够令民众心悦诚服,产生"上唱而民和,上动而下随,四海之内,一心同归"的效果。实现六合同风,为政者要致力于营造风清气正的治国氛围。《孝经》中记载:"移风易俗,莫善于乐。安上治民,莫善于礼。"⑤这就是说,使人民各守本分,需要发挥礼教的作用;改善社会风气习俗,需要发挥道德的作用。

"四海一家"出自《荀子》。《荀子·议兵》中记载:"四海之内若一家,通达之属莫不从服。"⑥这就是说,四海之内就像一家似的,凡是能通达之地,没有不服从的。公元前 221 年,秦始皇完成对六国的统一,以郡县制代替分封制,实行"车同轨,书同文,行同伦",统一钱币和度量衡,结束了春秋战国诸侯割据的局面,开创了大一统的崭新局面。自秦以来,中国历史发展中虽然也出现过短暂的割据局面和局部分裂,但追求大一统始终是主流。六合同风、四海一家的大一统思想,强调国家在经济、政治、文化等各个方面多元一体、和合统一,为中华

---

① (东汉)班固:《汉书》,中华书局 1999 年版,第 2293 页。
② 魏明安、赵以武:《傅玄评传》,南京大学出版社 2011 年版,第 146 页。
③ (清)朱彬:《礼记训纂》,中华书局 1996 年版,第 591 页。
④ (唐)魏徵:《群书治要》,天津人民出版社 2015 年版,第 197 页。
⑤ (春秋)孔子:《孝经全鉴》,蔡践解译,中国纺织出版社 2016 年版,第 158 页。
⑥ (清)王先谦:《荀子集解》(下),中华书局 2019 年版,第 329 页。

文明的传承、中华民族凝聚力的提升提供了重要历史助力。六合同风、四海一家的大一统思想，在国家治理中，有利于国家政权的巩固，国家凝聚力、向心力的增强，对实现一国的长治久安具有重要的价值。

（二）六合同风、四海一家德治思想的继承与发展

六合同风、四海一家的大一统思想，在近代新民主主义革命的伟大实践中，面对近代中国四分五裂、民族危亡的危险境地，表现为在中国共产党的领导下，在马克思主义思想指导下，为实现民族独立和人民解放，全体中华儿女团结一心、众志成城，拯救民族危亡、解放人民于水火之中，共御外侮，抗击外来侵略者，投身于争取民族独立和人民解放的伟大革命斗争中。

六合同风、四海一家的大一统思想，在社会主义革命时期，表现为中国共产党带领全国人民投身于消灭私有制、发展生产力、建立社会主义制度的伟大实践之中。1956 年底，随着社会主义三大改造的顺利完成，社会主义制度在中国大地上建立起来了。社会主义基本制度的确立，使广大劳动人民真正成为国家的主人，实现了中华民族有史以来最为广泛而深刻的社会变革，"为当代中国一切发展进步奠定了根本政治前提和制度基础，实现了中华民族由近代不断衰落到根本扭转命运、持续走向繁荣富强的伟大飞跃"①。

六合同风、四海一家的大一统思想，在社会主义建设时期表现为党领导人民在已经建立起来的社会主义制度基础上，进行社会主义建设道路的初步探索。在对社会主义建设道路探索实践中，中国共产党人深刻认识到，必须要团结一切可以团结的力量，调动一切可以调动的积极因素，解决好国内建设各个领域中存在的矛盾，走出一条符合中国国情的工业化发展道路。为此，中国共产党人团结和凝聚全体人民力量，调动和激发全体人民智慧，同心同德、艰苦奋斗，汇聚起建设社会主义无坚不摧、无难不克的磅礴之力。

六合同风、四海一家的大一统思想，在中国特色社会主义建设的伟大实践中，表现为以社会主义核心价值观为引领，一体推进经济、政治、文化、社会、生

---

① 习近平：《决胜全面建成小康社会　夺取新时代中国特色社会主义伟大胜利：在中国共产党第十九次全国代表大会上的报告》，《人民日报》2017 年 10 月 28 日。

态"五位一体"的总体布局,协调推进"四个全面"战略布局,统筹推进国家治理、社会治理和公民价值观培育,以铸牢中华民族共同体意识为主线,不断巩固各民族间的大团结,使五十六个民族像石榴籽一样紧紧地抱在一起。

三、以德化人的德治思想

(一)中国古代以德化人德治思想概述

德治与法治自古以来就是国家治理的两种手段。德治侧重加强国家道德建设,通过在全社会培育广泛、一致的道德规范,强化对公民的道德约束,以全体公民道德水平的普遍提高,营造积极健康的社会风气,不断提高国家治理成效。法治注重通过加强立法、执法、司法、守法各环节的建设,通过不断提高国家治理主体运用法律手段实施国家治理的能力,确保运用法治手段实施国家治理的成效。国家治理,需要将德治和法治两种手段结合起来,既要运用德治手段,强化德治教育,使人们形成高尚品德和正确价值追求,又要运用法治手段,维护社会的公平正义。习近平总书记指出:"法律有效实施有赖于道德支持,道德践行也离不开法律约束。法治和德治不可分离、不可偏废,国家治理需要法律和道德协同发力。"①

在国家治理中,如何处理"德治"与"法治"二者之间的关系,中国在古代社会的国家治理实践中,逐步形成了德主刑辅、以德化人的德治主张。早在秦汉以前,周公就强调道德在国家治理中的重要作用,提出"以德配天""敬德保民""明德慎罚"的思想。管仲将礼、义、廉、耻视为治国之"四维",认为"四维不张,国乃灭亡"。孔子提出"为政以德"②。董仲舒提出"国之所以为国者,德也"③。《淮南子》一书中记载:"治之所以为本者,仁义也;所以为末者,法度也。"④强调德治在国家治理中的核心作用,法治在国家治理中的辅助作用。

---

① 习近平:《坚持依法治国和以德治国相结合　推进国家治理体系和治理能力现代化》,《人民日报》2016年12月11日。

② 孙钦善:《论语新注》,中华书局2018年版,第19页。

③ (西汉)董仲舒:《春秋繁露》,张世亮等译注,中华书局2012年版,第29页。

④ 何宁:《淮南子集释》,中华书局1998年版,第1422页。

西周时期的"明德慎罚"的思想,即指国家治理要提倡和重视"德治",谨慎运用刑法。《唐律疏议》中记载:"德礼为政教之本,刑罚为政教之用。"①强调在国家治理中,虽然道德和法律二者都不可或缺,但二者实行的先后和其发挥的作用是有差别的。《论语·为政篇》中记载:"为政以德,譬如北辰,居其所而众星共之。"②这就是说,依据道德治理国家,便会如同北极星处在自己应有的位置上,众多的星辰井然有序地予以环绕、拱卫。《孟子·尽心上》中也记载:"善政,民畏之;善教,民爱之。"③好的政令不如好的教育那样能赢得民众的拥护。《荀子·君道》也记载:"明分职,序事业,材技官能,莫不治理,则公道达而私门塞矣,公义明而私事息矣。"④将达公道、明公义作为治理秩序建构的根本价值追求。

因此,法治治人,德治治心,在中国古代社会中,为政者立德政、行德治、施德教,就会得到人民的支持和拥护,国家治理就会呈现成风化人、明德至善的良好局面。

(二)以德化人德治思想的继承与发展

古人"以德化人"的德治智慧,为当代我国的国家治理提供了有益经验启示。作为当代中国特色国家治理方式的德治即"以德治国",意指在党的领导下,有计划、有目的、有组织地开展思想道德教育活动,使全体人民共同遵守社会主义、共产主义道德规范,共同维护经济政治文化社会秩序和和谐友好人际关系的治理实践活动。

马克思主义认为,道德是建立在一定道德观念基础之上的,人类社会所特有的社会意识形态,它是对经济、政治的反映,并为一定的政治、经济发展服务。道德的核心内容是理想信念、世界观、人生观和价值观。马克思的德治理论,强调运用社会主义和共产主义道德提升社会成员的思想政治觉悟,培养有理想、有道德、有文化、有纪律的社会主义新人。

---

① 刘俊文:《唐律疏议笺解》,中华书局1996年版,第3页。
② 孙钦善:《论语新注》,中华书局2018年版,第19页。
③ (清)焦循:《孟子正义》(下),中华书局2018年版,第965页。
④ (清)王先谦:《荀子集解》(上),中华书局2019年版,第282页。

中华人民共和国成立后,党领导人民在恢复国民经济和完成民主革命遗留任务的工作中,运用马克思主义新思想改造封建落后旧思想,积极发展民族的、科学的、大众的社会主义文化。在全国范围内开展马克思主义德治思想政治教育,为社会主义改造顺利推进提供了有益思想保证。这一时期的德治思想主要体现为:中国共产党全心全意为人民服务;以德建党,加强思想建党和作风建党;重视以德育人,培养德智体全面发展的社会主义新人。

1982年通过的《中华人民共和国宪法》第二十四条明确规定:"国家提倡爱祖国、爱人民、爱劳动、爱科学、爱社会主义的公德。"党领导人民在建设国家的进程中,通过树立高尚道德榜样和强有力的国家宣传,以榜样示范效应将社会主义道德品质传递给广大人民,通过在全体人民中间大力宣传雷锋精神、焦裕禄精神、铁人精神、"两弹一星"精神等,教育引导广大人民学习这些道德模范身上的优秀品质,激励全国人民以道德模范为榜样,向道德模范看齐。党领导人民在社会主义建设中,孕育形成了知难而上、众志成城、艰苦奋斗的伟大精神,这也成为团结人民群众、凝聚人民力量的重要思想来源,共同书写了社会主义道德建设新篇章。

改革开放以来,随着中国特色社会主义事业的开创,德治思想内涵也在不断丰富。面对在改革开放进程中一度出现的重视物质文明建设、轻视精神文明建设的情况,邓小平明确提出"两手抓,两手都要硬",强调在重视物质文明建设的同时,高度重视精神文明建设,不断提高人民的思想道德素质,满足人民日益增长的精神文化需求。面对改革开放和发展社会主义市场经济进程中出现的拜金主义、享乐主义、个人主义等错误思潮,党中央、国务院提出要大力加强社会主义精神文明建设、公民道德建设,号召全体公民将正确的道德认知、自觉的道德养成、积极的道德实践紧密结合起来,不断修身立德,筑牢道德根基。

1979年,党的十一届四中全会首次提出"社会主义精神文明建设"概念。1981年,全国广泛开展"五讲四美三热爱"活动。1986年,党的十二届六中全会通过《中共中央关于社会主义精神文明建设指导方针的决议》。1996年,党的十四届六中全会通过《中共中央关于加强社会主义精神文明建设若干重要问题的决议》。2001年,中共中央印发了《公民道德建设实施纲要》,提出了社会公德规范、职业道德规范和家庭美德规范,形成了一套完整的公民道德体系。2002年,党的十六大报告提出"建立与社会主义市场经济相适应、与社会主义法律规范相协调、与中华民族传统美德相承接的社会主义思想道德体系"。2006 年,党的十六届六中全会提出"社会主义核心价值体系"的概念。2011 年,党的十七届六中全会把"推动社会主义精神文明和物质文明全面发展"纳入建设社会主义文化强国的总体要求。

党的十八大以来,习近平总书记高度重视社会主义精神文明建设,特别是思想道德建设,就立德树人、以德铸魂等工作发表系列论述,推动全社会形成崇德向善、见贤思齐、德行天下的浓厚氛围。2013 年,习近平总书记在山东考察时指出:"国无德不兴,人无德不立。必须加强全社会的思想道德建设,激发人们形成善良的道德意愿、道德情感,培育正确的道德判断和道德责任,提高道德实践能力尤其是自觉践行能力,引导人们向往和追求讲道德、尊道德、守道德的生活,形成向上的力量、向善的力量。"①2015 年,习近平总书记在全国道德模范表彰大会上的讲话中指出:"要持续深化社会主义思想道德建设,弘扬中华传统美德,弘扬时代新风,用社会主义核心价值观凝魂聚力,更好构筑中国精神、中国价值、中国力量,为中国特色社会主义事业提供源源不断的精神动力和道德滋养。"②在如何修德这一问题上,习近平总书记做出了回答。2014 年,习近平总书记在北京大学师生座谈会上的讲话中指出:"修德,既要立意高远,又要立足平实。要立志报效祖国、服务人民……'见善则迁,有过则改',踏踏实实修好公德、私德,学会劳动、学会勤俭,学会感恩、学会助人,学会谦让、学会宽容,学会自省、学会自律。"③

2021 年,习近平总书记在清华大学考察时指出:"要锤炼品德,自觉树立和践行社会主义核心价值观,自觉用中华优秀传统文化、革命文化、社会主义先进文化培根铸魂、启智润心,加强道德修养,明辨是非曲直,增强自我定力,矢志追

---

① 《习近平关于社会主义精神文明建设论述摘编》,中央文献出版社 2022 年版,第 180 页。

② 《习近平关于社会主义精神文明建设论述摘编》,中央文献出版社 2022 年版,第 188 页。

③ 习近平:《青年要自觉践行社会主义核心价值观:在北京大学师生座谈会上的讲话》,《人民日报》2014 年 5 月 5 日。

求更有高度、更有境界、更有品位的人生。"①

关于如何继承和发扬中华传统美德,2014 年,习近平总书记在文艺工作座谈会上的讲话中指出:"中华民族在长期实践中培育和形成了独特的思想理念和道德规范,有崇仁爱、重民本、守诚信、讲辩证、尚和合、求大同等思想,有自强不息、敬业乐群、扶正扬善、扶危济困、见义勇为、孝老爱亲等传统美德。中华优秀传统文化中很多思想理念和道德规范,不论过去还是现在,都有其永不褪色的价值。"②

在关于为官之德的论述上,2003—2007 年,时任浙江省委书记的习近平同志在《用权讲官德　交往有原则》《多读书,修政德》《做人与做官》等文章中,将共产党人的官德概括为为民、务实和清廉,并提出要"常修为政之德、常思贪欲之害、常怀律己之心"。

四、以民为本的德治思想

(一)中国古代以民为本德治思想概述

民贵君轻、政在养民的民本思想,是关于正确处理君与民、国与民、政与民关系的思想智慧。民本思想的显著特点是重视"人"的主体作用,高扬人的主体价值。我国早在商周时期就萌生了民本思想,《尚书·五子之歌》中记载:"民惟邦本,本固邦宁。"③意指人民是国家的根本,只有作为根本的人民稳固,国家才能长治久安。《尚书·盘庚》中也记载:"重我民。"④古代社会关于君、民的关系,强调立君为民、民贵君轻,《孟子·尽心下》中记载:"民为贵,社稷次之,君为轻。"⑤《荀子·王制篇》中记载:"君者,舟也,庶人者,水也。"⑥民贵君轻的君民关系思想,凸显了人民利益至上的原则,强调为政者要围绕着人民的利益开展

---

① 汪晓东、李翔、宋静思:《总书记这样和大学生谈心》,《人民日报》2021 年 12 月 1 日。
② 习近平:《论党的宣传思想工作》,中央文献出版社 2020 年版,第 114 页。
③ 王世舜、王翠叶译注:《尚书》,中华书局 2012 年版,第 369 页。
④ 王世舜、王翠叶译注:《尚书》,中华书局 2012 年版,第 102 页。
⑤ (清)焦循:《孟子正义》(下),中华书局 2018 年版,第 1049 页。
⑥ (清)王先谦:《荀子集解》(上),中华书局 2019 年版,第 180 页。

工作。

古代社会关于国与民的关系，强调民为邦本、本固邦宁。《管子·牧民》中记载："政之所兴，在顺民心；政之所废，在逆民心。"①意思是说，政权之所以能兴盛，在于顺应民心；政权之所以废弛，是因为违逆民心。

古代社会关于政与民的关系处理上，强调德惟善政、政在养民。《新书·大政上》中记载："为人臣者，以富乐民为功，以贫苦民为罪。"②意思是说，为政者最大的功劳和德行，就是实行善政，而善政之要在于让人民过上好日子，这也是国家治理成效的根本检验标准。

（二）以民为本德治思想的继承与发展

以人民为中心的发展思想与民贵君轻、政在养民的民本思想，具有相似的思想内核、价值内核，都将实现最广大人民群众的根本利益作为国家治理的根本出发点和落脚点。

党的十八届五中全会上，习近平总书记提出了坚持以人民为中心的发展思想。习近平总书记强调指出，人民对美好生活的向往就是我们的奋斗目标，要坚定不移走共同富裕道路。

党的十九大报告对以人民为中心的发展思想做了全面概括，并从多方面加以说明，如在论及"发展"时强调："必须坚持以人民为中心的发展思想，不断促进人的全面发展、全体人民共同富裕。"在论及"发展社会主义民主政治"时指出："人民当家作主是社会主义民主政治的本质特征""发展社会主义民主政治就是要体现人民意志、保障人民权益、激发人民创造活力，用制度体系保障人民当家作主。"在论及推动"社会主义文化繁荣兴盛"时指出："满足人民过上美好生活的新期待，必须提供丰富的精神食粮。"在论及"加强和创新社会治理"时，要求"必须始终把人民利益摆在至高无上的地位"，"使人民获得感、幸福感、安全感更加充实、更有保障、更可持续"。在论及"建设美丽中国"时指出："要提供更多优质生态产品以满足人民日益增长的优美生态环境需要。"在论及"全面从

① 黎翔凤：《管子校注》（上），中华书局2019年版，第14页。
② （西汉）贾谊：《新书》，方向东译注，中华书局2012年版，第280页。

严治党"时强调:"人民群众反对什么、痛恨什么,我们就要坚决防范和纠正什么。"所有这些战略安排和战略目标,都是以人民为中心的发展思想在各个领域中的具体体现。

中国共产党以人民为中心的发展思想,体现了历史唯物主义的根本原理,反映了社会历史发展规律,人民是历史的创造者,是决定党和国家前途命运的根本力量,必须在建设中国特色社会主义事业中,坚持人民主体地位,依靠人民创造历史伟业。

坚持以人民为中心的发展思想,也体现了对《共产党宣言》的根本遵循。《共产党宣言》指出,无产阶级的运动是共产主义的运动。"过去的一切运动都是少数人的或者为少数人谋利益的运动。无产阶级的运动是绝大多数人的、为绝大多数人谋利益的独立的运动。"①这一论断表明无产阶级领导下的共产主义运动所具有的特点:第一,无产阶级领导下的共产主义运动,是实现全体人民解放的崇高运动,运动的出发点和落脚点都是紧紧围绕实现人民群众的根本利益来展开的;第二,无产阶级领导下的共产主义运动,依靠的主体力量是人民群众,即在无产阶级领导下,紧紧依靠人民这一主体力量,实现解放人民这一根本目标。

《共产党宣言》为以人民为中心的发展思想的践行指明了最终目标。《共产党宣言》在论及共产党人的长远奋斗目标时,指出代替那些存在着阶级和阶级对立资产阶级旧社会的,将是这样的一个联合体,在这个联合体当中,"每个人的自由发展将是一切人自由发展的条件",中国共产党一经成立,就把实现共产主义作为党的最高纲领和最终奋斗目标,义无反顾地肩负起领导人民朝着这一目标不懈奋斗的任务。在实现这一奋斗目标的过程中,《共产党宣言》明确了实现共产主义远大理想的奋斗步骤。《共产党宣言》指出,共产党人首先要使无产阶级推翻资产阶级的统治,上升为统治阶级,争得民主;在此基础上,再利用国家政权力量,将生产资料集中在国家和人民手中,最大限度地发展生产力。

在新民主主义革命时期,中国共产党坚持以人民为中心的革命思想,放手发动人民、依靠人民,推翻了压在人民头上的三座大山,实现了民族独立和人民

---

① 《马克思恩格斯选集》第一卷,人民出版社 1995 年版,第 283 页。

解放,建立起符合人民利益的国家政权。

中华人民共和国成立后,中国共产党坚持以人民为中心的改造思想,在领导人民迅速医治战争创伤、恢复国民经济、推动工业化建设基础上,紧紧依靠人民,推动和实现了对个体农业、手工业和资本主义工商业的社会主义改造,将生产资料集中在国家和人民手中,建立起了符合人民利益的社会主义制度。

社会主义制度建立起来以后,中国共产党坚持以人民为中心的建设思想,调动一切可以调动的积极因素,团结一切可以团结的力量,在坚持人民团结这一根本原则下,正确认识和处理人民内部矛盾,不断解放和发展生产力,取得了社会主义建设的伟大成就,实现了社会主义制度的巩固和发展。

改革开放后,中国共产党坚持以人民为中心的改革思想,从人民当中汲取改革智慧和力量,通过改革不断赋予社会主义经济生机和活力,正确认识和处理改革、发展、稳定三者之间的关系,不断满足人民日益增长的物质和精神需要,开创了中国特色社会主义崭新篇章。人民生活水平由温饱不足到温饱有余、由温饱有余迈进全面小康,中国共产党着力解决与人民群众切身利益相关的民生问题,回应了人民群众对改革发展的新期待。

党的十八大以来,中国共产党坚持以人民为中心的发展思想,坚持发展为了人民、发展依靠人民、发展成果由人民共享,下大气力解决与人民群众利益相关的急、难、愁、盼问题,让改革发展成果更多、更公平惠及全体人民。坚持立足新发展阶段、贯彻新发展理念、构建新发展格局,全面深化改革开放,聚焦经济高质量发展,持续深化供给侧结构性改革。坚持在发展中保障和改善民生,发展全过程人民民主,保障人民当家作主,深入推进反腐败斗争,坚持"打虎""拍蝇""猎狐"一体推进,坚决纠正一切损害人民利益的腐败问题和不正之风,积极践行"绿水青山就是金山银山"理念,不断提高人民生活品质。持续深化收入分配制度改革,促进全体人民向共同富裕目标稳步迈进。

习近平总书记在总结改革开放 40 年宝贵经验时指出:"必须坚持以人民为中心,不断实现人民对美好生活的向往。"①改革开放 40 多年来,中国取得的成绩世界瞩目,一条重要经验就在于,我们确立了一套体现人民意志、保障人民权

---

① 习近平:《在庆祝改革开放 40 周年大会上的讲话》,人民出版社 2018 年版,第 23—24 页。

益、激发人民创造活力的社会主义民主政治制度。习近平总书记在庆祝中华人民共和国成立 70 周年大会上的讲话中指出："我们要坚持中国共产党领导,坚持人民主体地位,坚持中国特色社会主义道路,全面贯彻执行党的基本理论、基本路线、基本方略,不断满足人民对美好生活的向往,不断创造新的历史伟业。"①牢记初心和使命,需要通过最广泛、最真实、最管用的制度体系,把人民拥护不拥护、赞成不赞成、高兴不高兴作为制定政策的依据,顺民心、尊民意、重民情、保民生。扎根基层,依靠人民群众,回应人民群众需求,是社会主义民主政治的出发点,也是发展的动力源泉。

五、等贵贱、均贫富的德治思想

(一)中国古代等贵贱、均贫富德治思想概述

等贵贱、均贫富,损有余、补不足的平等思想,强调人与人之间在社会地位上的平等。在社会财富分配上应遵循公平原则,在国家治理中,只有做到了等贵贱、均贫富,才能保持社会关系的平衡,实现经济社会的可持续发展。等贵贱、均贫富,损有余、补不足的平等思想,在中国古代社会的发展实践中,逐步内化为中华民族的文化基因,成为中华文化的一个鲜明特征。

关于等贵贱、均贫富,损有余、补不足的平等思想,在古代文献中多有记述。《吕氏春秋·去私》中记载:"天无私覆也,地无私载也,日月无私烛也,四时无私行也。"②意思是说,天不因私只覆盖一方,地不因私只承载一角,日月不因私只照一地,四时不因私只运行一处,它们无私地实行仁德,使万物得以生生不息地生长壮大。《论语·季氏》中记载:"丘也闻有国有家者,不患寡而患不均,不患贫而患不安。"③《管子·牧民》中记载,"天下不患无财,患无人以分之",强调"贫富无度则失"。④《尚书》中所记载的古代审判制度,提到审判者的"五过之疵",

① 习近平:《在庆祝中华人民共和国成立 70 周年大会上的讲话》,人民出版社 2019 年版,第 2—3 页。
② (战国)吕不韦:《吕氏春秋》,陆玖译注,中华书局 2011 年版,第 27 页。
③ 孙钦善:《论语新注》,中华书局 2018 年版,第 368 页。
④ 黎翔凤:《管子校注》(上),中华书局 2019 年版,第 19 页。

审判者在审案、判案过程中,不能出现"惟官""惟反""惟内""惟货""惟来",否则,就将与犯人同罪,接受同等处罚,这是古代社会保证审判者公正履职的标准和要求。由此可见,所谓等贵贱,即指无论是否有爵禄,人与人之间都是平等的,没有高、低、贵、贱之分。

所谓均贫富,即指社会财富的分配应最大限度地注重公平,不断缩小人与人之间的收入差距,以保证社会和谐目标的达成。《老子》中记载:"天之道,损有余,而补不足。"①对一个人或一个社会而言,坚持"损有余,而补不足",是实现一个人或一个社会内在平衡的关键,只有在"多余"和"不足"之间实现资源的有效转换,才能从根本上化解"多余"与"不足"之间的不平衡状态,才能从根本上促进各种要素间的平衡,保证社会和谐稳定。

在如何实现社会的公平公正,《礼记·礼运》中提出:"使老有所终,壮有所用,幼有所长,鳏寡孤独废疾者皆有所养。"②管仲提出保障社会公平正义的九项措施:"一曰老老,二曰慈幼,三曰恤孤,四曰养疾,五曰合独,六曰问疾,七曰通穷,八曰振困,九曰接绝。"③为了应对灾年的粮食危机,战国时期的政治家李悝发明了"常平仓"制度,即在丰收年份由国家收购粮食,增加粮食储备,歉收年份再将粮食平价卖给百姓,实现了粮食盈余和不足之间的平衡。对于孤寡、流浪和乞讨人员,汉代建立了"居养"制度,唐代设立了悲田院、养病坊,宋代设立了福田院、居养院、慈幼局、惠民局等,元代设立了养济院、济众院,明代设立了栖流所、惠民药局等,清朝时期设立了普济堂、育婴堂、工艺局等,使鳏、寡、孤、独及各种原因陷入贫困者都能得到帮助。

(二)等贵贱、均贫富德治思想的继承与发展

党的十九大对我国主要矛盾做出了新表述,明确提出我国的主要矛盾,已经由"人民日益增长的物质文化需要同落后的社会生产之间的矛盾"转化为"人民日益增长的美好生活需要和不平衡不充分的发展之间的矛盾",人民对于美

---

① 陆永品:《老子通解》,中央编译出版社 2015 年版,第 181 页。
② (清)朱彬:《礼记训纂》,中华书局 1996 年版,第 332 页。
③ 黎翔凤:《管子校注》(下),中华书局 2019 年版,第 1141 页。

好生活的向往,是基于主体人的需求层面来考察的,人民对美好生活向往中的需求因素,既包括物质、文化类等基本需求因素,也包括就业、教育、收入分配、社保、医疗、住房、养老、扶幼等新需求因素。从满足人民美好生活需求的供给端来看,不平衡、不充分的发展是制约人民美好生活需求满足的最大障碍。其中,不平衡的发展,主要表现为城乡之间、区域之间、行业之间、收入分配之间所存在的发展差距,使不同区域、不同行业、不同人群在人民对美好生活需要满足的程度和水平上存在不平衡特征。不充分的发展,从目前已经取得的发展成就看,人民对美好生活的需要还未得到充分的满足,仍需通过进一步的发展。在不断将"蛋糕"做大的基础上,将"蛋糕"更加公平地分配给全体人民,不断回应和满足人民日益增长的美好生活需要。从深层次看,不充分的发展,意味着我国的发展潜力还未得到充分释放,仍然存在广阔的发展空间。由不充分的发展转变为充分的发展,需要坚持在党的领导下,调动和激发亿万人民群众建设中国特色社会主义的积极性、主动性、创造性,推动我国将潜在发展优势转化为实际发展效能。古代社会等贵贱、均贫富的德治思想,强调社会财富在全体社会成员中的分配更加公平,人与人之间的发展差距应保持在一个合理区间之内,只有这样,才能保班上实现社会的和谐和国家治理的有效。古代社会等贵贱、均贫富的德治思想,为当代我国国家治理提供了有益启示和经验借鉴。集中力量解决经济社会发展中的不平衡、不充分问题,以更好实现人民对美好生活的向往,将进一步缩小经济社会发展差距、人与人之间的收入差距,进一步增强国家的凝聚力,提高社会的创造力,为建成社会主义现代化强国和实现中华民族的伟大复兴汇聚起无坚不摧的磅礴之力。

概言之,面对影响和制约人民对美好生活需要实现的不平衡、不充分因素,要优化社会资源配置、公平进行社会财富分配,消除造成不平衡的主因。要采取有效手段,激发各领域内各类要素的潜力和活力,持续增强我国发展动能,创造实现充分发展的条件。着力解决我国发展中的不平衡、不充分问题,集中体现和反映了我国古代社会等贵贱、均贫富,损有余、补不足的国家治理智慧,这对维护社会公平价值准则,增强社会发展动能,提高国家治理实效具有重大而深远的意义。

六、依法治国的法治思想

（一）中国古代依法治国法治思想概述

"德治"与"法治"是国家治理实践中运用的两种基本手段，在我国国家治理的历史长河中，逐渐形成了德、法并举的国家治理模式。其中，古代国家治理实践中，强调运用法治手段实施国家治理的思想主要有以下几种。

关于何为法的思想。《管子·明法解》中提出："法者，天下之程式也，万事之仪表也。"①《管子·七法》中也记载："尺寸也，绳墨也，规矩也，衡石也，斗斛也，角量也，谓之法。"②《墨子·法仪》中记载："百工为方以矩，为圆以规，直以绳，衡以水，正以县，无巧工不巧工，皆以此五者为法。"③

关于法的功能的思想。《慎子·逸文》中提出："法者，所以齐天下之动，至公大定之制也，故智者不得越法而肆谋，辩者不得越法而肆议，士不得背法而有名，臣不得背法而有功。"④《淮南子·主术训》中记载："法者，天下之度量，而人主之准绳也。"⑤《管子·禁藏》中提出："法者天下之仪也，所以决疑而明是非也。"⑥

关于法律执行公平性的思想。《韩非子·有度》中记载："法不阿贵，绳不挠曲。"⑦意指法律不偏袒有权有势的人，墨线不向弯曲的地方倾斜。法律应成为人人遵守的衡量是非曲直的根本标准，不能偏袒权贵，不能有例外、搞特殊。《慎子·逸文》中记载："有权衡者，不可欺以轻重；有尺寸者，不可差以长短；有法度者，不可巧以诈伪。"⑧《晦庵先生朱文公文集·温公疑孟下》中记载："盖以

①　黎翔凤：《管子校注》（下），中华书局 2019 年版，第 1338 页。
②　黎翔凤：《管子校注》（上），中华书局 2019 年版，第 118 页。
③　吴毓江：《墨子校注》，中华书局 1993 年版，第 29 页。
④　许富宏：《慎子集校集注》，中华书局 2013 年版，第 108 页。
⑤　（西汉）刘安：《淮南子》，刘少影译注，中国工人出版社 2016 年版，第 77 页。
⑥　黎翔凤：《管子校注》（中），中华书局 2019 年版，第 1114 页。
⑦　（清）王先慎：《韩非子集解》，中华书局 2015 年版，第 41 页。
⑧　许富宏：《慎子集校集注》，中华书局 2013 年版，第 67 页。

法者先王之制,与天下公共为之,士者受法于先王,非可为一人而私之。"①《战国策·秦策一》在评价商鞅治秦功效时说:"法令至行,公平无私。"②《商君书·勒令》中记载:"法平则吏无奸。"③《韩非子·有度》中记载:"刑过不避大臣,赏善不遗匹夫。"④《出师表》中也记载:"宫中府中,俱为一体,陟罚臧否,不宜异同……不宜偏私,使内外异法也。"⑤

关于运用法律治理国家的思想。《韩非子·制分》中记载:"其法通乎人情,关乎治理也。""夫治法之至明者,任数不任人。是以有术之国,不用誉则毋适,境内必治,任数也。"⑥论证了通过"法"与"术",刑赏分明而治。运用"法治"手段实施国家治理,既要重视立法,也要重视执法。《荀子·君道篇》中记载:"法者,治之端也。"⑦意思是说法律制度(立法)是国家治理的开始,即立法是"法治"手段实施的第一步。《商君书·壹言》中记载:"法不察民情而立之,则不成。"⑧意指法律的生命力在于执行,因此,在立法环节,必须注重法律的可执行性。关于在"法治"手段运用中执法重要性的认识,明代张居正在《请稽查章奏随事考成以修实政疏》中提出:"盖天下之事,不难于立法,而难于法之必行。"⑨张居正为保证法令政策的有效实施,以推进万历新政,构建起了内阁控制六科、六科督察六部、六部督察地方的完整考核体系,为万历新政的有效实施提供了坚实基础。

要保证法令政策的有效实施,还需要执法者从自身做起,身体力行、以身作则。《管子·法法》中记载:"禁胜于身,则令行于民。"⑩这就是说上面的领导能够以身作则,下面法令就能得到贯彻;上面领导不遵法守法,下面的百姓就不服

---

① (宋)朱熹:《晦庵先生朱文公文集》卷73,《新订朱子全书》,上海古籍出版社2022年版,第3522页。

② (西汉)刘向:《战国策》,缪文远、罗永莲、缪伟译注,中华书局2012年版,第60页。

③ (战国)商鞅:《商君书》,石磊译注,中华书局2009年版,第98页。

④ (清)王先慎:《韩非子集解》,中华书局2015年版,第41页。

⑤ (晋)陈寿:《三国志》,中华书局1999年版,第683页。

⑥ (清)王先慎:《韩非子集解》,中华书局2015年版,第522页。

⑦ (清)王先谦:《荀子集解》(上),中华书局2019年版,第272页。

⑧ (秦)商鞅:《商君书》,石磊译注,中华书局2009年版,第79页。

⑨ 门岿主编:《中国历代文献精粹大典》,学苑出版社1990年版,第2216页。

⑩ 黎翔凤:《管子校注》(上),中华书局2019年版,第325页。

从他的领导。《论语·子路篇》记载："其身正，不令而行；其身不正，虽令不从。"①这就是说，为官一任、执政一方，如果为官者自身品行正直、遵纪守法，就会对民众形成一种潜移默化的教育；如果为官者自身品行不端，不带头遵纪守法，即使口头上要求民众遵纪守法，民众也不会按照为官者的要求去做。公平、公正是一切法令执行畅通的基础。

（二）依法治国法治思想的继承与发展

中国共产党历来重视法治建设，在新民主主义革命时期，中国共产党就制定了《中华苏维埃共和国宪法大纲》，创造了"马锡五审判方式"。中华人民共和国成立后，在社会主义革命和社会主义建设时期，党领导人民制定了五四宪法、国务院组织法、选举法、婚姻法等一系列法律法规，建立起社会主义法制框架体系，确立了社会主义司法制度。

改革开放后，中国共产党提出"有法可依、有法必依、执法必严、违法必究"的十六字方针，强调依法治国是党领导人民治理国家的基本方略，依法执政是党治国理政的基本方式，不断推进社会主义法治建设进程。

党的十八大以来，以习近平同志为核心的党中央明确提出全面依法治国，并将其纳入"四个全面"战略布局。2014 年 2 月 17 日，习近平总书记在省部级主要领导干部学习贯彻十八届三中全会精神全面深化改革专题研讨班上的讲话中引用王安石的《周公》："立善法于天下，则天下治；立善法于一国，则一国治。"②习近平总书记还指出："法律是治国之重器，法治是国家治理体系和治理能力的重要依托。"③2014 年 10 月 23 日，习近平总书记在党的十八届中央委员会第四次全体会议上的讲话中，通过引用"盖天下之事，不难于立法，而难于法之必行"这句话，以说明依法治国在我国国家治理中的重要性，而做到依法治国的关键在于坚持中国共产党依法执政，坚持各级政府依法行政。要保证"法治"手段实施的有效性，就需要保证立法环节的公正性、执法环节的权威性、司法环

---

① 孙钦善：《论语新注》，中华书局 2018 年版，第 291 页。

② 习近平：《习近平谈治国理政》第二卷，外文出版社 2017 年版，第 119 页。

③ 《中国共产党第十八届中央委员会第四次全体会议文件汇编》，人民出版社 2014 年版，第 68 页。

节的公平性、守法环节的全民性，真正使"法治"成为国家治理实践中的良法善治。

七、忠义礼信的德治思想

（一）中国古代忠义礼信德治思想概述

国家治理必须要注重和加强对公民个人和社会成员的道德建设，为国家治理提供坚实道德基础。孝、悌、忠、信，礼、义、廉、耻分别是对个人道德修养和社会成员道德教育两个层面而言的。就个人道德修养而言，提高个人道德修养是为国家治理提供合格公民主体的内在要求。就社会成员道德教育而言，提高社会成员道德修养是为社会秩序运行稳定提供基本规范和约束。孝、悌、忠、信侧重个人道德修养，是个人追求内在的道德自觉和自律。

孝是指个人对父母长辈孝顺、尊敬。"百善孝为先"，孝是一个人立德、立身之根本，是众善之始。《孝经·开宗明义》中记载："夫孝，德之本也。"[1]

悌是指与兄弟之间和睦相处，泛指对同辈的爱护、友善。《论语·学而》中记载："入则孝，出则悌，泛爱众。"[2]公民层面的社会主义核心价值观爱国、敬业、诚信、友善，回答了建设中国特色社会主义要培养什么素养的公民问题，友善作为公民层面价值观培育的重要准则，与中国传统道德中的孝悌价值准则一脉相承，都注重培养公民在人与人、人与社会之间的关系处理，都要求互尊互重、和睦相处。

忠，原指为人诚恳厚道、尽心尽力，后有忠于他人、忠于君主、忠于国家之意。《左传·庄公十年》中记载："忠之属也。"[3]《出师表》中记载："为忠善者。"[4]意思是说，对国家和对自己所从事的职业，要忠于职守、尽忠尽责。《逸周书·谥法》中记载："危身奉上，险不辞难，曰忠。"[5]社会主义核心价值观中的爱国价

---

① 蔡践解译：《孝经全鉴》，中国纺织出版社 2016 年版，第 2 页。

② 孙钦善：《论语新注》，中华书局 2018 年版，第 8 页。

③ （春秋）左丘明：《左传》，郭丹、程小青、李彬源等译注，中华书局 2014 年版，第 96 页。

④ （晋）陈寿：《三国志》，中华书局 1999 年版，第 683 页。

⑤ 黄怀信、张懋镕、田旭东：《逸周书汇校集注》，上海古籍出版社 2007 年版，第 696 页。

值准则，从公民个人层面来看，表现为忠于祖国、忠于人民，这是对古代忠字价值准则的延伸和拓展。

信，是指讲信用，即在社会交往中要诚实不欺、信守承诺。《论语·学而》中记载："道千乘之国，敬事而信，节用而爱人，使民以时。"①敬事而信，意思是说，治理一个国家，要诚实守信，不欺骗他人。《论语·学而》中记载："信近于义，言可复也。"②社会主义核心价值观中的诚信价值准则，从公民个人层面而言，是指公民的诚信道德品质，这是一个人在社会中立足的根本。

礼、义、廉、耻侧重对社会成员外在道德的规范和约束。《管子·牧民》中记载："国有四维，一维绝则倾，二维绝则危，三维绝则覆，四维绝则灭。倾可正也，危可安也，覆可起也，灭不可复错也。何谓四维，一曰礼，二曰义，三曰廉，四曰耻。"③这就是说，国之四维是国家秩序的稳定器，四维不张，国乃灭亡。礼、义、廉、耻是维护社会秩序的稳定器。礼，即指为人处世要懂礼节，讲规矩。《孟子·公孙丑上》中记载："辞让之心，礼之端也。"④意思是说，礼是人人皆有、与生俱来的天赋道德。《荀子·劝学》中记载："礼者，法之大分，类之纲纪也。"⑤意思是说，礼具有与法相同的功能。《论语·季氏》中记载："不学礼，无以立。"⑥意思是说，学习礼仪，是做人、做事的根本。《论语·为政》中记载："道之以政，齐之以刑，民免而无耻；道之以德，齐之以礼，有耻且格。"⑦意思是说，用政令来治理百姓，用刑法来整顿他们，老百姓只求能免受犯罪惩罚，却没有廉耻之心；用道德引导百姓，用礼制去同化他们，百姓不仅会有羞耻之心，而且有归服之心。《论语·学而》中也提出，"礼之用，和为贵"⑧。古代社会中的礼，还具有调节人际关系、促进社会和谐的作用，《礼记·礼器》中记载，"先王制礼以节事"⑨。

---

① 孙钦善：《论语新注》，中华书局 2018 年版，第 4 页。
② 孙钦善：《论语新注》，中华书局 2018 年版，第 15 页。
③ 黎翔凤：《管子校注》（上），中华书局 2019 年版，第 12 页。
④ （清）焦循：《孟子正义》（上），中华书局 2018 年版，第 253 页。
⑤ （清）王先谦：《荀子集解》（上），中华书局 2019 年版，第 14 页。
⑥ 孙钦善：《论语新注》，中华书局 2018 年版，第 383 页。
⑦ 孙钦善：《论语新注》，中华书局 2018 年版，第 21 页。
⑧ 孙钦善：《论语新注》，中华书局 2018 年版，第 13 页。
⑨ （清）朱彬：《礼记训纂》，中华书局 1996 年版，第 376 页。

义,即指做事要符合公义和法则。孔子曾言:"见义不为,无勇也。"孟子曾言:"羞恶之心,义之端也。"①关于礼义在社会关系处理和国家治理中的重要性,《孟子·离娄下》中记载:"非礼之礼,非义之义,大人弗为。"②《孟子·尽心下》中记载:"无礼义,则上下乱。"③意指缺乏礼法道义,上下关系就会混乱。在面对义利之间的取舍时,古人强调义高于利,《孟子·告子上》记载:"生,亦我所欲也,义,亦我所欲也;二者不可得兼,舍生而取义者也。"④古人在义利关系的处理上,主张先义后利、义重于利。虽然古代所倡导的义,与今天我们所倡导的民族大义、国家大义有着根本区别,但其中蕴含着可以创造性转化的优秀思想基因。

廉,即指廉洁公正,不掩饰错误,不包庇恶行。《尚书·皋陶谟》中记载,"简而廉",是我国传统"民本"思想和"廉约"思想的体现。《晏子春秋·内篇杂》中记载:"廉者,政之本也。"⑤《吕氏春秋·仲冬纪·忠廉》中记载:"临大利而不易其义,可谓廉矣。"⑥《周礼·天官冢宰·小宰》中记载:"以听官府之六计,弊群吏之治。一曰廉善,二曰廉能,三曰廉敬,四曰廉正,五曰廉法,六曰廉辨。"⑦意思是说,评判官吏治理能力的六项标准分别为是否善于行事,是否善于行政令,是否善于忠于职守,是否品行方正,是否守法不失,是否头脑清醒。在这六项标准中,廉洁是首要的。《历代名臣奏议》中记载:"惟廉而后能平,平则公矣。"⑧意思是说,唯有廉洁,才能带来公平。《为吏之道》中也记载:"吏有五善:一曰忠信敬上,二曰清廉毋谤,三曰举事审当,四曰喜为善行,五曰恭敬多让。"⑨其中,"清廉毋谤"强调为政者要做到清廉奉公。

耻,即指要有羞耻之心、自尊自重,不做违背正道、人伦之事。知耻,在中国传统道德中占据重要地位,儒家学派认为耻是道德的四大纲纪之一,知耻是一

① (清)焦循:《孟子正义》(上),中华书局2018年版,第253页。
② (清)焦循:《孟子正义》(下),中华书局2018年版,第594页。
③ (清)焦循:《孟子正义》(下),中华书局2018年版,第1047页。
④ (清)焦循:《孟子正义》(下),中华书局2018年版,第783页。
⑤ (春秋)晏婴:《晏子春秋》,汤化译注,中华书局2011年版,第413页。
⑥ (战国)吕不韦:《吕氏春秋》,陆玖译注,中华书局2011年版,第320页。
⑦ (东汉)郑玄:《周礼》,徐正英、常佩雨译注,中华书局2014年版,第57页。
⑧ (明)黄淮、杨士奇:《历代名臣奏议》,上海古籍出版社2012年版,第2245页。
⑨ 李平:《先秦法思想史论》,光明日报出版社2013年版,第216页。

个人立身行事的根本。《孟子·尽心上》中记载："人不可以无耻,无耻之耻,无耻矣。"①意思是说,人不可以没有羞耻之心,不知羞耻的羞耻,就是真正的无耻。《礼记·中庸》中记载："知耻近乎勇。"②意思是说,知道羞耻就接近勇敢了。《朱子语类》中记载："人有耻,则能有所不为。"③意思是说,人如果有了羞耻之心,有些不该做的事情,就不会去做了。《呻吟语·治道》中记载："五刑不如一耻,百战不如一礼,万劝不如一悔。"④意思是说,用五刑使人免于犯罪,不如让他懂得羞耻;用百战使他屈服,不如教他以礼;万次劝勉,不如让他知道悔恨。

(二)忠义礼信德治思想的继承与发展

国无德不兴,人无德不立,国家治理,既需要从国家层面培育和弘扬主流道德观念,培养国家治理中的大德,使之成为全体公民共同遵守的道德规范,并在国家治理实践中切实发挥精神凝聚、道德引领的作用,又要加强个人道德建设,筑牢个人守大德、明公德、严私德的道德品质,为国家治理提供合格的公民主体。

忠、义、礼、信作为古代国家治理的价值理念,在当代国家治理中仍然具有重大价值和现实意义。忠,在当代国家治理实践中的重要作用,表现为全体公民忠于祖国、忠于人民的价值追求,每一位公民对自己的爱人忠贞不渝的道德情感,每一位公民在自己工作岗位上忠于职守的道德品质,每一位子女对父母尽忠尽孝的道德观念。在全体社会成员中间广泛培育"忠"这一价值观,将有助于在全体社会成员之间培育向上向善的道德情感,增进人民团结,凝聚社会力量,巩固社会基础。

义,最基本的含义是公平正义,对政府而言,在公权力运用中,应做到依法履职、依法行政。对个人而言,强调要树立正确道德义利观,即明大理、守大义,在是非曲直、黑白善恶中,以正义为准绳,明是非、辨善恶,使全体公民的行为始

---

① (清)焦循:《孟子正义》(下),中华书局 2018 年版,第 885 页。

② (清)朱彬:《礼记训纂》,中华书局 1996 年版,第 776 页。

③ (宋)黄士毅:《朱子语类汇校》,徐时仪、杨艳汇校,上海古籍出版社 2018 年版,第 266 页。

④ (明)吕坤:《呻吟语》,王国轩、王秀梅译注,中华书局 2018 年版,第 878 页。

终合乎正义,符合社会道德规范。

礼,最基本的含义是礼貌、礼仪、礼节,对个人而言,所提倡的是平等、尊重、理解和宽容。发挥"礼"在国家治理中的作用,就是发挥"礼"在人性教化中的作用,使人好恶有节、言行有度、举止有分。

信,对于公民和社会来说,第一层含义是指信仰。对于一个国家、一个民族而言,人民有信仰,国家有希望;对于中国共产党人来说,就是要树立共产主义的远大信仰;对于全体公民而言,当前就是要树立起中国特色社会主义共同理想,将个人奋斗融入中国特色社会主义伟大实践之中。信的第二层含义意指诚信,对于全体公民而言,诚信是公民最基本的道德品质,是一个人在社会立足、生存、发展的价值基石。在全体公民中积极培育诚信价值观,使全体公民在做人、做事的方方面面都恪守诚信价值准则,将有助于维护社会秩序,提高国家治理实效。

八、选贤与能的德治思想

(一)中国古代选贤与能德治思想概述

中国古代社会很早就认识到人才在国家治理中的极端重要性,并经过在国家治理实践中的探索,总结形成了任人唯贤、选贤与能的用人标准。《尚书》中记载:"任官惟贤才,左右惟其人。"①强调任人唯贤的重要性。《礼记》中记载:"选贤与能,讲信修睦。"②强调在选人用人时,应注重从德和能两个方面来考察。朱熹在《论语集注》中说道:"贤,有德者。"③我国古代德治思想注重君、臣自身修养,认为治国者自身素质是善政德治的关键,关系到国家治理的兴衰成败。

对国家治理而言,选拔德才兼备的人才到合适的岗位,是为政之要。人才是国家治理的稀缺资源,发现并选拔人才,是保证国家治理有效性的关键。正如王安石在《材论》中所记载的那样:"材之用,国之栋梁也,得之则安以荣,失之

---

① 王世舜、王翠叶译注:《尚书》,中华书局 2012 年版,第 411 页。
② (清)朱彬:《礼记训纂》,中华书局 1996 年版,第 332 页。
③ (宋)朱熹:《四书章句集注》,中华书局 1983 年版,第 142 页。

则亡以辱。"①

　　什么才是人才选拔的标准呢？应是既贤又能、德才兼备，唯有符合既贤且能、德才兼备这一标准，才满足国家治理对人才的需求。在人才选用方面，在符合既贤且能、德才兼备这一标准的前提下，还应对贤与能、德与才进行有效区分。在人才选用上，贤与能、德与才不是等量齐观而是有先后轻重之别的，这就是应把贤、德放在第一位，把能、才放在第二位。正如《资治通鉴》所说："才者，德之资也；德者，才之帅也。"②《论语·子路》中也说："其身正，不令而行。"③《论语·为政》中记载："举直错诸枉，则民服；举枉错诸直，则民不服。"④《史记·商君列传》中说："恃德者昌，恃力者亡。"⑤《左传·襄公二十四年》中记载："太上有立德，其次有立功，其次有立言，虽久不废，此之谓不朽。"⑥因此，选拔人才之道，应当以德行为先，任用正直的人，民众才能信服，反之，任用不贤者，则民众不服。

　　人才被选拔出来之后，统治者就要合理地使用人才，以保证能够实现人尽其才、才尽其用。最合理的使用人才方式，就是将人才放到适合其发挥才能的岗位上去，王安石曾指出："国以任贤使能而兴，弃贤专己而衰。"⑦司马光在《资治通鉴·唐纪八》中记载："用人如器，各取所长。"⑧如果不能将人才放到适合其才能发挥的岗位上去，就将产生适得其反的效果。《孟子·公孙丑上》和《孟子·尽心下》也指出，"贤者在位，能者在职"，"不信仁贤，则国空虚"，都明确提出了"尊贤使能"的思想。正如《贞观政要·崇儒学》所说："为政之要，惟在得人。用非其才，必难致治。"⑨也就是说当政的关键，在于要用人得当，若所用的人不能充分发挥其才能、长处，政事必然难以得到治理。

---

①　(宋)王安石：《王安石集》，中国戏剧出版社 2002 年版，第 254 页。

②　(宋)司马光：《资治通鉴》，远方出版社 2002 年版，第 3 页。

③　孙钦善：《论语新注》，中华书局 2018 年版，第 291 页。

④　孙钦善：《论语新注》，中华书局 2018 年版，第 32 页。

⑤　(西汉)司马迁：《史记》，中华书局 1999 年版，第 1763 页。

⑥　(春秋)左丘明：《左传》，郭丹、程小青、李彬源等译注，中华书局 2014 年版，第 640 页。

⑦　(宋)王安石：《临川先生文集》，中华书局 1959 年版，第 735 页。

⑧　(宋)司马光：《资治通鉴》，远方出版社 2002 年版，第 1478 页。

⑨　(唐)吴兢：《贞观政要集校》，谢保成译注，中华书局 2003 年版，第 383 页。

从古至今,中国就是一个遵守道德、崇尚道德的国家。一个人的道德完善,不是一个简单的过程,而是一个极其漫长的不断自我修炼的过程。修身是一个人道德完善的基础,《大学》中记载:"古之欲明明德于天下者,先治其国;欲治其国者,先齐其家;欲齐其家者,先修其身;欲修其身者,先正其心;欲正其心者,先诚其意;欲诚其意者,先致其知;致知在格物。"①这里强调,修身对于齐家、治国、平天下具有重大意义。

如何修身?《中论》中说:"君子必贵其言,贵其言则尊其身,尊其身则重其道,重其道所以立其教。"②明确指出,修身之道的要义在于贵其言,也就是自重言行。修身还表现为,面对来自外部的诱惑时,要把握住自己,战胜自己的贪欲,《吕氏春秋·季春纪·先己》中也说:"欲论人者,必先自论;欲知人者,必先自知;欲胜人者,必先自胜。"③古人认为修身是一个艰苦的不断积累的过程,认为只有经过"苦其心志,劳其筋骨,饿其体肤,空乏其身,行拂乱其所为"的磨炼,才能够"积善成德,而神明自得,圣心备矣"。修身的艰巨性、长期性是显而易见的,只有数十年如一日的坚持不懈、一以贯之,才能够实现。

(二)选贤与能德治思想的继承与发展

中国共产党一贯坚持"德才兼备、以德为先"的选人、用人标准,始终把选人用人作为关系党和国家事业发展全局的工作来抓。从党领导人民在革命、建设和改革的各个历史时期来看,坚持"德才兼备、以德为先"的选人用人标准,为党和国家事业取得胜利提供了根本人才保证。

陈云任中央组织部部长时,强调按照德才兼备的标准选拔干部,并且把德放在第一位,他指出:"德才并重,以德为主。"在社会主义革命和建设时期,1957年,毛泽东在中国共产党第八届中央委员会第三次全体会议上提出:"我们各行各业的干部都要努力精通技术和业务,使自己成为内行,又红又专。"④"又红又专"成为这一时期干部人才选拔的重要标准。党的十一届三中全会以后,针对

---

① 徐春光:《四书五经》,远方出版社 2003 年版,第 4 页。
② (东汉)荀悦:《申鉴·中论》,唐宇辰、徐湘霖译注,中华书局 2020 年版,第 232 页。
③ (战国)吕不韦:《吕氏春秋》,陆玖译注,中华书局 2011 年版,第 81 页。
④ 毛泽东:《毛泽东文集》第七卷,人民出版社 1999 年版,第 309 页。

干部队伍青黄不接、干部队伍政治素质和业务素质难以适应现代化建设需要的状况,中国共产党按照改革开放对人才队伍建设的新要求,强化改革开放新时期的选人、用人导向。1981年6月,党的十一届中央委员会第六次全体会议通过的《关于建国以来党的若干历史问题的决议》提出:“要在坚持革命化的前提下,逐步实现各级领导人员的年轻化、知识化和专业化。”①1982年9月,党的十二大上进一步将“实现干部队伍的革命化、年轻化、知识化、专业化”的干部选拔标准写入党章。干部“四化”标准是对德才标准的深化和具体化,明确了改革开放新时期选人用人的鲜明导向。

习近平总书记指出:“治国之要,首在用人,也就是古人说的:‘尚贤者,政之本也。’‘为政之要,莫先于用人。’”②历史一再证明,人存政举,人亡政息,人才是治国理政的首要之事。2000年,中央经济工作会议提出,“要制定和实施人才战略”。同年,党的十五届中央委员会第五次全体会议提出,要把培养、吸引和用好人才作为一项重大的战略任务抓好,建设一支规模宏大、结构合理的高素质人才队伍。《中华人民共和国国民经济和社会发展第十个五年计划纲要》明确提出“要实施人才战略,壮大人才队伍”,将人才战略确立为国家战略,将其纳入经济社会发展的总体规划和布局。

2002年,中共中央办公厅、国务院办公厅印发了《2002—2005年全国人才队伍建设规划纲要》,提出实施人才强国战略。

2007年,中国共产党第十七次全国代表大会将人才强国战略与科教兴国战略、可持续发展战略一并确定为我国的三大战略。

2017年,中国共产党第十九次全国代表大会将人才强国战略作为全面建成小康社会的重大战略。

2020年,党的十九届中央委员会第五次全体会议强调,人才强国战略在创新驱动发展中居于重大战略地位。党的二十大报告再次强调:“必须坚持科技是第一生产力、人才是第一资源、创新是第一动力,深入实施科教兴国战略、人才强国战略、创新驱动发展战略,开辟发展新领域新赛道,不断塑造发展新动能

---

① 《关于建国以来党的若干历史问题的决议》,《人民日报》1981年7月1日。

② 习近平:《习近平著作选读》第一卷,人民出版社2023年版,第129—130页。

新优势。"①

概言之,党的十八大以来,以习近平同志为核心的党中央立足中华民族伟大复兴战略全局和百年未有之大变局,全面深入推进人才强国战略,高瞻远瞩谋划人才事业布局,广开进贤之路,广聚天下英才。党和国家在人才选拔时,始终遵循德才兼备、以德为先的选人标准,坚持五湖四海聚人才,不拘一格用贤才。在使用人才的时候,坚持人才不问出处,为各类人才搭建展示才能的舞台,真正实现了人尽其才、才尽其用。

国家治理的主体是人,实现国家治理现代化,关键在于能否培养和选拔品德优良、素质过硬、德才兼备的人才,并合理地使用人才,使各类人才在自己的工作岗位上发光发热。党和国家人才工作所秉持的思想,与古人在国家治理中的任人唯贤、选贤与能的人才使用标准一脉相承,是古人国家治理智慧的当代体现。

九、革旧鼎新的治理思想

(一)中国古代革旧鼎新治理思想概述

国家治理,必须正确处理守正与创新、继承与发展之间的关系。《诗经·大雅·文王》中记载:"周虽旧邦,其命维新。"②意思是周朝虽然是旧的邦国,但其使命在于革新。世上万物都会经历一个由产生、发展、兴盛到衰亡的新陈代谢过程,新旧事物更替符合事物发展的客观规律,遵循这一客观规律,国家治理就必须通过不断改革,革除积弊,废旧立新,唯有如此,国家才能始终保持长盛不衰之势。

不断地进行革新,是实现新旧事物更替,保证国家常兴常旺的关键,这就需要为政者在治国实践中,不能因循守旧,必须因时而变、与时俱进。《商君书·更法》中记载:"治世不一道,便国不法古。汤、武之王也,不修古而兴。殷、夏之

① 习近平:《高举中国特色社会主义伟大旗帜 为全面建设社会主义现代化国家而团结奋斗:在中国共产党第二十次全国代表大会上的报告》,《人民日报》2022 年 10 月 26 日。
② (先秦)佚名:《诗经译注》,程俊英译注,上海古籍出版社 2016 年版,第 469 页。

灭也,不易礼而亡。"①意思是说,治国之道应该以便国利民为依据,随治国实际的变化而变化。《韩非子·五蠹》中说:"世异则事异,事异则备变。"②意思是说,时代在变迁,客观环境在变化,治国之道也要随之改变,不断地创新。《周易·系辞下》中也说:"穷则变,变则通,通则久。"③意思是说,要通过不断变化和创新,来实现通达,这才是长久之道。《周易·杂卦传》中还记载:"革,去故也;鼎,取新也。"④其中,革,就是变革、革命。鼎,是用来承接革命的结果,取意为更新。《礼记·大学》中记载:"苟日新,日日新,又日新。"⑤这就是说要时时刻刻、一刻不停地注重创新。《管子·正世》中说:"不慕古,不留今,与时变,与俗化。"⑥这就是说不因循守旧、不陶醉于今日成就,顺应时代发展潮流,因时因地地进行改革创新。《吕氏春秋·慎大览·察今》中记载:"世易时移,变法宜矣。譬之若良医,病万变,药亦万变。"⑦意指要根据客观实际,对症下药、精准施策。外部的客观世界会随着实践的发展而不断变化,人们必须根据不断变化的实际,与时俱进调整策略。

如何进行改革创新才能推动社会发展进步? 需要坚持改革与创新、继承与发展相统一。《吕氏春秋·慎大览·察今》中记载:"择先王之成法,而法其所以为法。"⑧意思是说,在改革创新中,要放弃先王已经制定好的法度,学习先王如何去制定法度。《太玄经·太玄莹》中说:"夫道,有因有循,有革有化。因而循之,与道神之。革而化之,与时宜之。"⑨这就是说在革旧立新时,不能简单化、一刀切,而是要结合具体的实际,吸收和继承旧事物中有价值的元素,抛弃旧事物中不合时宜的落后成分,在继承中发展,在守正中创新。《宋史·徐熊本传》中

---

①　(秦)商鞅:《商君书》,石磊译注,中华书局 2009 年版,第 6 页。

②　(清)王先慎:《韩非子集解》,中华书局 2015 年版,第 486 页。

③　(周)姬昌:《周易》,杨天才、张善文译注,中华书局 2011 年版,第 610 页。

④　(周)姬昌:《周易》,杨天才、张善文译注,中华书局 2011 年版,第 682 页。

⑤　(清)朱彬:《礼记训纂》,中华书局 1996 年版,第 870 页。

⑥　黎翔凤:《管子校注》(中),中华书局 2019 年版,第 1020 页。

⑦　(战国)吕不韦:《吕氏春秋》,陆玖译注,中华书局 2011 年版,第 516 页。

⑧　(战国)吕不韦:《吕氏春秋》,陆玖译注,中华书局 2011 年版,第 515 页

⑨　(西汉)杨雄:《太玄经》,范望译注,上海古籍出版社 1990 年版,第 84 页。

记载:"天下之治,有因有革,期于趋时适治而已。"①意思是说,治理天下的办法,有继承,有变革,都是为了符合时代需要,达到治理的目的。《朱子语类辑略》中记载:"革弊,须从源头理会。"②意思是说,变革弊端,需要从源头开始。

(二)革旧鼎新治理思想的继承与发展

按照马克思的历史唯物主义观点,人类社会的发展伴随着人类物质资料生产方式的变革,经历原始社会、奴隶社会、封建社会、资本主义社会、共产主义社会,呈现由低到高、依次递进的发展次序。物质资料生产方式的变革是推动人类社会形态更替的决定性力量。

物质资料生产,涵盖生产力与生产关系两个层面范畴。其中,生产力是最具革命性的要素,是推动物质资料生产方式变革的决定性力量。生产力的构成要素,包括劳动者和生产资料两个方面,劳动者自身的知识、素质和能力是推动生产力变革的根本条件,劳动者本身必须具有变革自身素质、提升自身能力的主体自觉,这需要劳动者树立革旧鼎新的创新理念这一条件作为根本保证。

从生产力与生产关系二者之间的关系来看,生产关系必须适应生产力,是贯穿人类社会发展始终的经济规律。生产力本身的不断发展变化,要求生产关系必须做出相应调整,以适应生产力的发展状况。根据生产力发展变化的实际,必须经常对生产关系做出调整,使其适应生产力的发展需要。

1978 年,党的十一届三中全会后,我国开启了改革开放这一伟大征程,通过改革赋予社会发展以生机和活力。改革不是对原有体制细枝末节的修补,而是根本性的变革,从这个角度说,我国在改革开放伟大实践中所孕育形成的改革创新精神,与古代社会"周虽旧邦,其命维新"的改革精神具有相似、相同的价值品质。

改革开放是决定当代中国命运的关键一招,在我国的改革开放伟大实践中,正是由于坚定了改革的信心和决心,发扬了"周虽旧邦,其命维新"的改革精

---

① (元)脱脱等:《宋史》,中华书局 1999 年版,第 8581 页。
② (宋)黄士毅:《朱子语类汇校》,徐时仪、杨艳汇校,上海古籍出版社 2018 年版,第 2660 页。

神,在守正中创新、继承中发展,为我国生产力的发展创造了有利条件和根本保证。

改革只有进行时,没有完成时。改革开放是推动中国特色社会主义事业不断向前发展的根本动力。党的十八大以来,面对阻碍我国发展的各领域深层次矛盾和问题,中央做出了全面深化改革的重大决策,并将其纳入"四个全面"战略布局当中。

全面深化改革,需要继续秉持革旧鼎新的改革精神,针对阻碍我国各领域发展中存在的深层次矛盾和问题,坚持在改革中创新,扫除阻碍我国各领域发展的深层次障碍,为解放和发展生产力,开创中国特色社会主义新局面提供不竭动力。

十、亲仁善邻的外交治理思想

(一)中国古代亲仁善邻外交思想概述

国家治理,不仅要协调国内各种利益关系,实现对国内各项事务的治理有序,还需要正确处理一国与他国之间的关系,为一国发展营造良好的外部环境。亲仁善邻、协和万邦的外交思想。古人关于处理国与国之间关系的思想智慧和外交理念,也为我国当下正确处理国与国之间的关系提供了有益思想借鉴。

在相关文献中,对如何正确处理国与国之间关系进行了记述。《左传·隐公六年》中记载:"亲仁、善邻,国之宝也。"①这就是说国家在对外交往中,要与仁者亲近,与邻邦友好。《论语·里仁》中记载:"德不孤,必有邻。"②意思是说,讲道义的国家,一定不会孤立于世。关于"仁",《论语·雍也》中说:"夫仁者,己欲立而立人,己欲达而达人。"③这就是说对于一个人而言,自己想要站得住,也要让他人站得住,自己想要行得通,也要让他人行得通。《论语·颜渊》中也记载:"己所不欲,勿施于人。"④这就是说自己不喜欢的事情,也不要强加给别人。在

① (春秋)左丘明:《左传》,郭丹、程小青、李彬源等译注,中华书局 2014 年版,第 22 页。
② 孙钦善:《论语新注》,中华书局 2018 年版,第 77 页。
③ 孙钦善:《论语新注》,中华书局 2018 年版,第 133 页。
④ 孙钦善:《论语新注》,中华书局 2018 年版,第 267 页。

人与人之间关系的处理上，要遵循以上的原则；对于国家与国家之间关系的处理，要坚持亲仁善邻的原则，做到与邻为善、以邻为伴、互帮互助。国家治理在正确处理一国与周边国家关系的基础上，还需要正确认识和处理一国与世界其他各国之间的关系。

在如何处理一国与世界其他国家之间的关系上，《中庸》中记载："施诸己而不愿，亦勿施于人。"①意思是说，人与人之间要求同存异、相互尊重，引申到国家层面，指各国之间要相互包容、相互尊重、平等相处。墨家主张"大不攻小也，强不侮弱也，众不贼寡也"，意思是说国家之间的交往，应做到不以大欺小，不以强凌弱，不以众暴寡。《尚书·尧典》中记载："协和万邦。"②意指不同国家之间的人民要和睦相处，国与国之间要友好往来。《尚书·皋陶谟》中记载："同寅协恭和衷哉。"③比喻国家间在面对共同挑战时，要同心协力、共渡难关。《荀子·议兵》中记载："四海一家。"④这就是说四海之内，犹如一家。协和万邦、和衷共济、四海一家，都是古人关于国与国之间关系处理方面的智慧。国与国之间的和睦相处，并非指国与国之间无视差异的绝对同一。《孟子·滕文公上》中说："夫物之不齐，物之情也。"⑤意思是说世间万物千差万别，这是客观规律。在国与国之间关系的处理上，要尊重不同国家间的差异，做到平等相待。《管子·兵法》中记载："和合故能谐。"⑥意指在战争中相互团结，就能克敌制胜。

古人的这些论述深刻揭示了世间万物相处共存的状态和内在规律，阐明了国与国之间和谐相处的基本原则，为构建平等互利、和谐相处的国与国之间的关系提供了有益启示。

（二）亲仁善邻外交思想的继承与发展

中国古人把"亲仁善邻"视为中国和谐周边、追求天下太平的一项国家战

---

① 徐春光：《四书五经》，远方出版社 2003 年版，第 19 页。
② 王世舜、王翠叶译注：《尚书》，中华书局 2012 年版，第 6 页。
③ 王世舜、王翠叶译注：《尚书》，中华书局 2012 年版，第 38 页
④ （清）王先谦：《荀子集解》（上），中华书局 2019 年版，第 190 页。
⑤ （清）焦循：《孟子正义》（下），中华书局 2018 年版，第 427 页。
⑥ 黎翔凤：《管子校注》（上），中华书局 2019 年版，第 358 页。

略。中国共产党领导人民在长期的外交实践中,在对"亲仁善邻"外交思想继承和发展的基础上,逐步走出了一条独立自主的和平外交之路。独立自主的和平外交之路与古代社会亲仁善临、协和万邦的外交理念具有相似、相通的思想特质。

中华人民共和国成立初期,新中国外交工作的首要任务是在平等互利的基础上同世界各国建立全新的外交关系。为此,我国在这一时期制定了"一边倒""另起炉灶""打扫干净屋子再请客"三大外交方针,开启了新中国外交事业。

1949 年 9 月,中国人民政治协商会议第一届全体会议召开,通过了具有临时宪法性质的《中国人民政治协商会议共同纲领》,把"平等、互利及相互尊重领土主权"作为中国外交的基本原则,确立了中国独立自主和平外交政策的基石。1953 年 12 月,周恩来总理会见印度政府代表团时,首次完整地提出了和平共处五项原则,即互相尊重领土主权、互不侵犯、互不干涉内政、平等互惠、和平共处,并写入了 1954 年 4 月 29 日签订的《关于中国西藏地方和印度之间的通商和交通协定》。中国提出的和平共处五项原则受到国际社会的普遍认同。

改革开放后,中国顺应时代发展潮流,积极主动地开展与世界各国的友好往来,经历了由跟进者、参与者到贡献者的重大变化,我国在外交领域逐步形成了"全方位、多层次、立体化"外交布局。这一时期,我国把建立伙伴关系确定为国家间交往的指导原则,积极扩大同世界各国之间的友好交往。我国在对外交往中,继承和发展"亲仁善邻"的外交理念,坚持在独立自主原则基础上制定和平外交政策,贯彻和平外交方针,在对外交往实践中有力维护了世界和平,促进了世界的发展。

党的十八大以来,习近平总书记着眼于世界各国相互联系、全球命运休戚与共的发展大势,直面人类社会发展面临的现实困境和共同挑战,主张国际社会摒弃以邻为壑、零和博弈的旧思维,强化合作共赢的时代精神,推动建设相互尊重、公平正义、合作共赢的新型国际关系,建设持久和平、普遍安全、共同繁荣、开放包容、清洁美丽的世界,为构建新型国际关系、促进世界各国共同发展指明了方向。

2012 年,党的十八大报告明确提出:"要倡导人类命运共同体意识,在追求本国利益时兼顾他国合理关切。"①习近平总书记出席 2015 年博鳌亚洲论坛年会时,提出了"通过迈向亚洲命运共同体,推动建设人类命运共同体"的倡议,并进一步具体地提出了迈向命运共同体的原则,即坚持各国相互尊重、平等相待,坚持合作共赢、共同发展,坚持实现共同、综合、合作、可持续的安全,坚持不同文明兼容并蓄、交流互鉴。2015 年 9 月,习近平总书记在纽约联合国总部发表重要讲话时指出:"当今世界,各国相互依存、休戚与共。我们要继承和弘扬联合国宪章的宗旨和原则,构建以合作共赢为核心的新型国际关系,打造人类命运共同体。"②2017 年 10 月 18 日,习近平总书记在党的十九大报告中提出:"坚持和平发展道路,推动构建人类命运共同体。"2018 年 4 月 10 日,习近平总书记在 2018 年博鳌亚洲论坛年会开幕式上的主旨演讲中指出:"中国人民将继续与世界同行、为人类作出更大贡献,坚定不移走和平发展道路,积极发展全球伙伴关系,坚定支持多边主义,积极参与推动全球治理体系变革,构建新型国际关系,推动构建人类命运共同体。"③2019 年 10 月,中国共产党十九届四中全会提出,坚持和完善独立自主的和平外交政策,推动构建人类命运共同体。

习近平总书记指出:"人类命运共同体,顾名思义,就是每个民族、每个国家的前途命运都紧紧联系在一起,应该风雨同舟、荣辱与共,努力把我们生于斯、长于斯的这个星球建成一个和睦的大家庭,把世界各国人民对美好生活的向往变成现实。"④人类命运共同体思想内涵丰富,可以从政治、经济、文化、安全、生态五个方面来把握。政治上,各国之间要相互尊重、平等协商,坚决摒弃冷战思维和强权政治,走对话而不对抗、结伴而不结盟的国与国之间交往新路。安全上,要坚持以对话解决争端,以协商化解分歧,统筹应对传统和非传统安全威胁,反对一切形式的恐怖主义。经济上,要同舟共济,促进贸易和投资自由化、便利化,推动经济全球化朝着更加开放、包容、普惠、平衡、共赢的方向发展。文

---

① 胡锦涛:《坚定不移沿着中国特色社会主义道路前进　为全面建成小康社会而奋斗:在中国共产党第十八次全国代表大会上的报告》,《人民日报》2012 年 11 月 9 日。

② 习近平:《携手构建合作共赢新伙伴,同心打造人类命运共同体》,《人民日报》2015 年 9 月 2 日。

③ 习近平:《开放共创繁荣　创新引领未来》,《人民日报》2018 年 4 月 11 日。

④ 《习近平关于中国特色大国外交论述摘编》,中央文献出版社 2020 年版,第 53 页。

化上,要尊重世界文明多样性,以文明交流超越文明隔阂,以文明互鉴超越文明优越。生态上,要坚持环境友好,合作应对气候变化,保护好人类赖以生存的地球家园。

总之,中国特色大国外交是对传统外交思想中"亲仁善邻"思想的继承和发展,是中国传统外交思想的当代体现和历史延伸。当代中国外交以中华优秀传统文化为根基,以和平发展为外交底色,以"亲仁善邻"为外交文化,以"合和共生""世界大同"为价值追求,形成了具有中国特色的外交之路。

十一、以和为贵的治国思想

(一)中国古代以和为贵治国思想概述

我国古代德治思想,将和谐作为其理想追求,强调以和为贵。德治追求和谐,是中国传统文化中的基本精神。和,指和睦、和谐、和平等思想观念,以和为贵的思想,是我国传统文化中的重要价值取向。古人讲天人合一,即指天人之"和"。个人讲修身养性、心平气和;治理国家的理想状态是政通人和。儒家所倡导的修身、齐家、治国、平天下,正是人际和谐、群体和谐、天人和谐的具体体现。《中庸》中记载:"中也者,天下之大本也。和也者,天下之达道也。致中和,天地位焉,万物育焉。"①意思是说,如果人人都能够不断提高道德水准,完善人格修养,做到"惠而不费,劳而不怨,泰而不骄,威而不猛",举止有节、行为有度,那么整个社会将会出现和谐、祥和的局面。

古人所谓的和,是"异"中之和,无"异"就无"和"。《论语·子路》中记载:"君子和而不同。"②和而不同,追求的是内在和谐统一,而并非表象上的相同和一致。《孟子·公孙丑下》提到"人和"。中国传统文化讲修身,主张人通过修身,在实现人自身和谐的基础上,实现人与人之间的和谐。

在处理个体与群体的关系上,中国传统文化主张通过德治实现群体和谐的

---

① 徐春光:《四书五经》,远方出版社2003年版,第16页。
② 孙钦善:《论语新注》,中华书局2018年版,第302页。

目标。《荀子·荣辱》中记载:"群居合一。"①《荀子·王制》中也记载:"人能群。"②中国古代社会中的群体和谐思想,一方面,指国家和社会要对人民负责,以民为本,把爱民、重民、富民作为基本治国方略。另一方面,强调个体要树立起国家和社会意识,个人要对国家、社会有责任感。

中国古代社会中的人与自然和谐思想,强调人生于天地之间,天、地、人并立为三,人源于自然,人的理想目标与天地万物为一体。《三国志·魏书·文帝纪》中裴松之引《献帝传》:"以和天人。"③中国传统文化中的关于人与自然和谐思想,体现了人类高尚的道德理想追求。

我国古代社会有关和谐的思想,还反映在正确认识和处理战争与和平之间的关系上。在战争与和平关系的处理上,古人认为,要坚持以和为贵,同时守不忘战。《论语·学而》中记载:"礼之用,和为贵。先王之道,斯为美。"④这就是说,礼的作用,在于使人际关系变得更加和谐,古代君王治国方法的宝贵之处就在这里。《淮南子·兵略训》中记载:"上下有隙,将吏不相得……上下同心,气意俱起。"⑤《孟子·公孙丑下》也记载:"天时不如地利,地利不如人和。"⑥国家治理、打仗用兵,贵在人和,只有人与人之间建立起相互的信任,众志成城、同仇敌忾,才能保证战争最后的胜利。

古代国家治理智慧中关于正确认识和处理和平与战争二者的关系,在坚持以和为贵原则的基础上,强调要守不忘战。《司马法·仁本》中记载:"国虽大,好战必亡;天下虽安,忘战必危。"⑦意思是说,一个国家再强大,如果一味地追求对外武力扩张,这个国家最终必然走向灭亡;如果天下和平,一个国家忘记了战争的威胁,这个国家也将面临巨大的风险。

中国古代传统文化中,对战争与和平二者关系的思考,蕴涵着深刻的思想

---

① (清)王先谦:《荀子集解》(上),中华书局 2019 年版,第 76 页。
② (清)王先谦:《荀子集解》(上),中华书局 2019 年版,第 194 页。
③ (晋)陈寿:《三国志》,中华书局 1999 年版,第 291 页。
④ 孙钦善:《论语新注》,中华书局 2018 年版,第 13 页。
⑤ (西汉)刘安:《淮南子》,刘少影译注,中国工人出版社 2016 年版,第 143 页。
⑥ (清)焦循:《孟子正义》(上),中华书局 2018 年版,第 271 页。
⑦ 王震:《司马法集释》,中华书局 2011 年版,第 37 页。

智慧。一方面,追求和平,主张以和为贵,对战争的危害深刻感受,提出了和平慎战的思想,《道德经》中记载:"夫兵者,不祥之器。"①不到迫不得已的时候,不要采用战争这种方式解决问题。《史记·越王勾践世家》中也记载:"战者,逆德也。"②意思是说,战争是违背道德的行为。《贞观政要》中记载:"战者危事,兵者凶器。"③这就是说兵器是不祥之器,战争是危险的事。古人的这些论述,都强调要对战争持谨慎的态度,即使发生战争,也应尽量想办法将战争的代价降到最低,正如《孙子兵法》中所记载的:"不战而屈人之兵,善之善者也。"④这就是说不通过交战,就能降伏敌人,这是最高明的。

另一方面,还反对厌战、废战,并认为忘战必危。崇尚和平、慎战,并非要一味求和、荒废军事,而是要在和平的环境下,将"兵者"的重要性,放到"国之大事,死生之地,存亡之道"的高度上加以认识,并认为"兵者"可以"不得已而用之",当国家面对外部威胁达到不可调和地步时,则应"以战去战,虽战可也"。从古人对和平与战争二者之间关系的认识上看,和平与战争二者之间辩证统一、不可分割,揭示了中国传统和平理念的精髓。

(二)以和为贵治国思想的创新与发展

中华传统美德"以和为贵",不仅能促进人与人之间的和谐相处,同时也能促进社会的和谐稳定。中国走和平发展道路是对"以和为贵"传统治国思想的继承、创新和发展。党的二十大明确提出:"从现在起,中国共产党的中心任务就是团结带领全国各族人民全面建成社会主义现代化强国、实现第二个百年奋斗目标,以中国式现代化全面推进中华民族伟大复兴。"⑤中国式现代化的一个鲜明特征,就是走和平发展道路的现代化。

和平发展道路,是通过争取和平的外部环境发展自己,同时又通过自己的

①　陆永品:《老子通解》,中央编译出版社 2015 年版,第 73 页。
②　(汉)司马迁:《史记》,中华书局 1999 年版,第 1421 页。
③　(唐)吴兢:《贞观政要》,骈宇骞、齐立洁、李欣等译注,中华书局 2015 年版,第 295 页。
④　(春秋)孙武:《孙子兵法》,陈曦译注,中华书局 2011 年版,第 37 页。
⑤　习近平:《高举中国特色社会主义伟大旗帜　为全面建设社会主义现代化国家而团结奋斗:在中国共产党第二十次全国代表大会上的报告》,《人民日报》2022 年 10 月 26 日。

发展来维护世界和平，促进共同发展。和平发展的不懈追求是对内求发展、求和谐，对外求合作、求和平。

中华人民共和国成立后不久，毛泽东指出："所谓天下大事，就是解放、独立、民主、和平友好、人类进步。"①同时，中国共产党确立了独立自主的和平外交政策，大力倡导和平共处五项原则，积极发展与其他国家的友好交往和互利合作。中国积极推动和平解决国际冲突和争端，支持被压迫民族的解放事业，坚定同发展中国家站在一起，主持国际公道和正义。

改革开放后，中国共产党人在和平与发展这一时代主题下，坚持以经济建设为中心，解放和发展生产力，积极参与经济全球化进程，与世界多数国家建立友好往来，为世界带来更多发展机遇和更加广阔的市场空间，为维护世界和平，促进各国共同发展提供了中国机遇，做出了中国贡献。

党的十八大以来，以习近平同志为核心的党中央深刻把握新时代中国与世界发展大势，顺应和平、发展、合作、共赢的时代潮流，推动构建新型国际关系，推动构建人类命运共同体。习近平总书记指出："实现我们的奋斗目标，必须有和平国际环境。没有和平，中国和世界都不可能顺利发展；没有发展，中国和世界也不可能有持久和平。"②中国始终是维护世界和平与发展的坚定力量，只有坚持和平发展道路，把和平与发展紧密联系起来，以和平环境促进发展，以发展促进世界和平，只有把本国利益与人类利益紧密结合起来，才能既实现国家富强、民族振兴、人民幸福，又为世界做出更大贡献。

中国共产党坚持走和平发展道路，是从对历史、现实、未来的客观判断中得出的结论。坚持走和平发展道路，先后写入党的十七大、十八大、十九大报告中，载入了《中国共产党章程》。2018 年 3 月，《中华人民共和国宪法修正案》将"坚持和平发展道路"正式写入宪法。

和平发展道路是古代"协和万邦""亲仁善邻"外交思想的当代实践，坚持和平发展，对内追求公平正义、社会和谐、共同富裕，对外主持公道、捍卫真理、伸张正义，是马克思主义政党和社会主义制度先进性的体现。坚持走和平发展道

① 《毛泽东文集》第六卷，人民出版社 1999 年版，第 484 页。
② 《深入学习习近平总书记重要讲话读本》，人民出版社 2013 年版，第 69 页。

路,始终要弘扬和平、发展、公平、正义、民主、自由的全人类共同价值,践行平等、互鉴、对话、包容的文明观,推动构建人类命运共同体。

十二、自强不息的治国思想

(一)中国古代自强不息治国思想概述

自强,就是自我奋发、不断进取、勇敢顽强。自强不息语出《易经·乾卦·大象传》,即"天行健,君子以自强不息",意指君子要自觉奋发向上,永不松懈。孟子曾说:"自弃者,不可与有为也。"①意思是说,自暴自弃的人,将难以有所作为。孟子主张人无论在什么处境下都应保持本心,尤其是面对逆境时要"动心忍性"、自立自强。故孟子曰:"天之降大任于是人也,必先苦其心志,劳其筋骨,饿其体肤。"②这就是说,只有经过了逆境中的淬炼,才能增强才干,练就过硬本领,承担起大任。《礼记》中讲道:"知困,然后能自强也。"③意思是说,知道自己困惑的地方,才能自我勉励。自强不息哺育了中华民族积极进取的人生态度,帮助中华民族形成了刚健有为的进取精神。中国古代儒家学派认为,"自强不息"应从修身、齐家做起,《礼记·大学》开宗明义,提出人生追求的"三纲八目",即"明德、亲民、止于至善","格物、致知、诚意、正心、修身、齐家、治国、平天下"。修身,即自我完善,提高自我的道德修养、学问修养,这是实现自我价值的基础。齐家,即家风正派、家庭和睦,这是通向人生自强的必经阶梯。儒家学派内修以"独善其身",外治以"兼善天下"的人生追求,塑造了一代又一代中国人自强不息的人格。

自强不息,还表现为意志坚强、奋斗不止。曾子曰:"士不可以不弘毅,任重而道远。"④意思是说,读书人不可以不志向远大、意志坚强,因为他们肩负重任并要奋斗终身。愚公移山、精卫填海、大禹治水、卧薪尝胆等历史传说与故事,颂扬的都是百折不挠、锲而不舍、奋斗不止的坚韧意志。

---

① (清)焦循:《孟子正义》(上),中华书局 2018 年版,第 507 页。
② (清)焦循:《孟子正义》(上),中华书局 2018 年版,第 864 页。
③ (清)朱彬:《礼记训纂》,中华书局 1996 年版,第 546 页。
④ 孙钦善:《论语新注》,中华书局 2018 年版,第 169 页。

自强不息,还内含变革创新、与时俱进之意。《周易·丰》中记载:"日中则昃,月盈则食,天地盈虚,与时消息,而况于人乎?"①"凡益之道,与时偕行",意思是说,自然界的一切事物都有其自身的运行规律,人们对自然规律的认识也要与时俱进。人们的自强,并非一味盲目逞强,而是要充分发挥人的主观能动性,遵循客观规律办事。

自强不息,要求保持一种自力更生、艰苦奋斗的作风。自强不息的核心精神就是艰苦奋斗的自立自强。《论语·雍也》中记载:"仁者先难而后获,可谓仁矣。"②意思是说,人要取得一定的收获,必须要经历一个艰苦磨炼、不断奋斗的过程。"人必自立而后人立之",也就是说人必须自己把握自己的命运,自力更生,脚踏实地为实现自己的人生目标而努力拼搏。

自强不息,还要求人们厚德合群、刚柔相济。《易经·坤》中记载:"地势坤,君子以厚德载物。"意思是说,人们应该拥有像大地一样宽广、博大的胸怀,能够包容承载万物。人是社会的个体,每一个人的成功都离不开人与人之间的相互支持和配合。因此,人必须注意人际关系的协调发展,唯有如此才能真正自强起来,实现自己的高远志向。

自强不息作为中华民族独特的精神标识,源远流长、历久弥新,传承千年而不衰,成为激励无数仁人志士迎难而上、不屈不挠,为了理想不懈奋斗的重要精神力量。《尚书·皋陶谟》中记载,皋陶为舜帝提出选取贤才的标准,应该为"强而义",即自立自强、无所屈挠、符合道义。北宋时期,王安石谋求政治上革故鼎新,强调"君子之道始于自强不息"。清末,康有为、梁启超等面对国家的内外交弊,提出要意识到"自强"的重要性,认为只有自强才能改变中国衰弱的局面。

(二)自强不息治国思想的当代价值

自强不息是中华民族的优秀传统美德,也是中国共产党百年奋斗的重要历史经验。党的十八大以来,习近平总书记高度重视自强不息精神的重要价值,他指出:"在漫长的历史进程中,中华民族以自强不息的决心和意志,筚路蓝缕,

---

① (周)姬昌:《周易》,杨天才、张善文译注,中华书局2011年版,第163页。
② 孙钦善:《论语新注》,中华书局2018年版,第121页。

跋山涉水,走过了不同于世界其他文明体的发展历程。"①

党的二十大报告中,习近平总书记多次以不同方式强调自强不息对中国共产党和中华民族的重大意义,在体现习近平新时代中国特色社会主义思想立场观点方法的"六个必须坚持"中,其中一个就是"必须坚持自信自立"。在推进中国式现代化历史进程中,全党必须牢记的"五个必由之路",其中之一即"团结奋斗是中国人民创造历史伟业的必由之路",强调"全党同志务必不忘初心、牢记使命,务必谦虚谨慎、艰苦奋斗,务必敢于斗争,善于斗争",带领中国人民自强不息、艰苦奋斗,为中国人民谋幸福,为中华民族谋复兴。

中国共产党自诞生之日起,就表现出自强不息的奋斗精神和愈战愈勇的顽强生命力,面对旧中国四分五裂、一盘散沙的局面,中国共产党毅然决然地担负起领导全国人民,求得民族独立和人民解放的历史重任。自强不息、顽强斗争,打败了国内外一切反动势力,取得了新民主主义革命的伟大胜利,建立了人民当家作主的新中国,完成了民族独立、人民解放的历史任务,开启了中华民族发展进步的历史新纪元。

中华人民共和国成立后,从外部环境上看,以美国为首的西方阵营对新中国在政治上不承认,外交上孤立,经济和技术上封锁,妄图将新中国扼杀在摇篮中。从国内环境上看,在军事上,人民解放战争还没有完全结束:国民党还有100多万军队在西南、华南和沿海岛屿负隅顽抗;在解放区,国民党溃逃时遗留下的大批残余力量,同恶霸势力及惯匪相勾结,严重危及社会新秩序的建立和稳定。在经济上,新中国继承的是一个千疮百孔的烂摊子,生产萎缩,民生困苦,国民党统治下长期的恶性通货膨胀造成物价飞涨、投机猖獗。在国际上,妄图称霸全球的美国仍不肯放弃与中国人民为敌的立场,拒绝承认新中国,并竭力阻挠其他国家承认新中国,阻挠中华人民共和国恢复在联合国的合法席位。

封锁和困境不仅没有让中国人民沉沦下去,反而激发起中华民族自强不息、刚毅不拔的气节和发奋图强、奋勇向前的精神,中国共产党采取一系列积极稳健的政策措施,领导全国各族人民满怀信心地迎接挑战,开启了新中国建设

① 习近平:《把中国文明历史研究引向深入　推动增强历史自觉坚定文化自信》,《人民日报》2022 年 5 月 29 日。

的伟大征程。

1956 年，以基本完成生产资料私有制的社会主义改造，建立起社会主义制度为起点，我国社会主义建设全面展开，同时也开启了对社会主义建设道路的艰辛探索。在此期间，无数优秀中华儿女投身于火热的社会主义现代化建设事业之中，舍生忘我、顽强拼搏、无私奉献，绘写了大写的人生，成就了不平凡的事业。在这一时期，"两弹一星"精神、大庆精神、红旗渠精神、焦裕禄精神等，都是对中华民族自强不息精神的继承和发展。自强不息精神来自中华民族对家国的责任和担当，正因为无数优秀中华儿女将个人前途与国家命运紧紧联系在一起，为祖国无私奉献自己的力量，才有了祖国的繁荣昌盛。

改革开放和社会主义现代化建设新时期，中国共产党带领中国人民以锐意进取的姿态，不断奋进，谱写了中国特色社会主义建设事业新篇章。在这一时期，我国实现了从高度集中的计划经济体制向充满活力的社会主义市场经济体制、从封闭半封闭到全方位开放的历史性转变，实现了从生产力相对落后到经济总量跃居世界第二位的历史性突破，实现了人民生活从温饱不足到全面小康的历史性跨越。建设中国特色社会主义事业伟大实践中，面对各种风险挑战、急难险滩，中国人民团结一心、攻坚克难，相继形成了抗洪精神、抗震救灾精神、奥运精神、载人航天精神等，这些精神都是对中华民族自强不息精神的继承、创新和发展。

习近平总书记强调："我们的国家，我们的民族，从积贫积弱一步一步走到今天的发展繁荣，靠的就是一代又一代人的顽强拼搏，靠的就是中华民族自强不息的奋斗精神。"[1]在中国特色社会主义新时代的历史方位上，中国共产党带领全国各族人民坚定必胜信念，发扬自强不息、刚毅不拔的精神，面对前进道路上的各种艰难险阻，以"逢山开路、遇水架桥"的闯劲，"滴水穿石、绳锯木断"的韧劲，"知难而进、迎难而上"的拼劲，继续夺取新时代中国特色社会主义事业新胜利。

概言之，一个人，只有自强不息、勇往直前才能取得成功。一个社会，只有自强不息、敢于挑战，才能不断进步。一个民族，只有自强不息、勇于创新，才能

---

① 习近平：《在同各界优秀青年代表座谈时的讲话》，《人民日报》2013 年 5 月 5 日。

不断开拓进取。一个国家,只有自强不息、顽强拼搏,才能在世界永远立于不败之地。实现中华民族的伟大复兴,需要每一位中华儿女都自强不息。千千万万个中华儿女的力量汇聚起来,必将开创中华民族伟大复兴的光明未来。

十三、讲信修睦的治国智慧

(一)中国古代讲信修睦治国智慧思想概述

讲信修睦,意指讲究信用,睦邻修好。讲信修睦一词,最早记述于《礼记·礼运》一文之中。《礼记·礼运》记载:"大道之行也,天下为公,选贤与能,讲信修睦。"①《礼记》将"讲信修睦"视为大同世界的理想境界。"睦"在《说文解字》中意为"目顺也。一曰敬和也",意指一个人的目光平静温和,能使人产生亲近感,由此引申出人与人之间融洽、亲近、友善的关系。讲信修睦,是中华传统文化的重要价值准则,是处理人与人、国与国之间关系的基本道德规范。

对个人而言,信,意味着诚实无欺、恪守信用。古人将"信"视作一个人应当具备的最基本的德行。孔子认为,"人而无信,不知其可也"②,也就是说,一个人如果不讲信用,就无法在社会中立足,故而,信是君子安身立命之本。《论述·述而》记载:"子以四教:文、行、忠、信。"③强调把诚信作为培养、教育学生的重要内容。孔子还将"信""同""恭""宽""敏""惠"并列为"五德"。孟子也指出,"修其孝悌忠信"④,倡导待人以忠、处世讲信、为人亲厚,从而赢得人们的亲近和尊敬,建立起友爱的关系。

对社会而言,人们对"信"的恪守,是维持社会和谐、促进社会团结的重要纽带。社会由个体人组成,人与人之间如何相处,决定着一个社会是否有序、和谐。唯有社会成员间实现互信,这个社会才能运行有序。在经济活动中,中国古人将"信"作为经商原则由来已久,中国传统商德讲诚信、重道义,将"义"和

---

① (清)朱彬:《礼记训纂》,中华书局1996年版,第331页。
② 孙钦善:《论语新注》,中华书局2018年版,第34页。
③ 孙钦善:《论语新注》,中华书局2018年版,第154页。
④ (清)焦循:《孟子正义》(上),中华书局2018年,第71页。

"利"相结合,其中尤以诚信为重。管子曾言,"非诚贾,不得食于贾"①,强调商德的根本就是诚信。

信在中国古代社会发展过程中不断演化,从道德意义上进一步扩展成为处世、治世的重要伦理原则,成为治国理政、安邦定国的重要价值基础。据《论语·颜渊》记载,子贡曾向孔子请教政事,孔子将"足食""足兵""民信"列为国家治理有效的三个重要条件。子贡进一步向孔子请教,如果不得已的情况下,只能取其中一个,应该去掉哪两个,孔子指出若迫不得已只能取其一,那就"去兵""去食",而必须保留的是"民信"。这就是说政府的公信力远比兵马、粮草重要。"民无信不立""信则民任焉",一个政权如若不能取得百姓的信任就会垮掉,而唯有以"信"为基石,才能得到百姓的拥护。

为政者如何取信于民呢?首先,为政者要做到"敬事而信",即为政者对待政事要严肃认真、恭敬谨慎,对待百姓要讲求信用、诚实无欺。管仲把诚信作为治国理政的关键,指出:"先王贵诚信。诚信者,天下之结也。"②这就是说,古圣先王能集结人心、团结天下的关键就在于坚守诚信。

其次,为政者要修身取"信"。"上好信,则民莫敢不用情"③,执政者讲信、守信,百姓才会据实以待。为政者以"信"修身,整个社会的诚信程度才会提高。王安石曾说,"自古驱民在信诚,一言为重百金轻"④,这就意味着,为政者的信誉度高低,不仅关系其权威和影响力的高低,也直接决定其执行力强弱。

最后,为政者要以"诚信"作为选官标准。中国传统政治一向推崇选贤任能,以德才兼备为标准,其中"德"更为关键。"举直错诸枉,则民服;举枉错诸直,则民不服"⑤,为政者善用正直之士,才能取信于民。在儒家看来,只有能够正确处理义利关系的官员,方能廉洁自律、诚实自守。作为官德的基本要求,"信"包含两层含义,其一,要求为官者"不欺上",就是对国家、对上级要诚信不欺。其二,要求为官者"不瞒下",就是要真诚对待民众,讲究信用。这是为官者

---

① 黎翔凤:《管子校注》(上),中华书局 2019 年版,第 91 页。
② 黎翔凤:《管子校注》(上),中华书局 2019 年版,第 246 页。
③ 孙钦善:《论语新注》,中华书局 2018 年版,第 290 页。
④ (宋)王安石:《王安石诗笺注》,中华书局 2021 年版,第 1772 页。
⑤ 孙钦善:《论语新注》,中华书局 2018 年版,第 32 页。

实现为官一任、造福一方的核心价值要求,也是取得实实在在政绩的根本条件。

此外,"信"不仅是一个人立身、处世、治政的道德标准,也是国与国之间建立良好关系的价值准则。《尚书》中记载,帝尧"允恭克让",有诚信、恭谨、克己、礼让的德行,不仅使九族亲睦和顺,也使天下百姓友好和睦。《群书治要·傅子》中记载:"盖天地著信而四时不忒,日月著信而昏明有常,王者体信而万国以安,诸侯秉信而境内以和,君子履信而厥身以立。"①意思是说,天地显现其诚信,则四季运行和谐;日月显其诚信,黑夜和白天便交替正常;天子体现其诚信,于是各个诸侯国便安定和谐;诸侯讲究诚信,则国内和平;君子践行诚信,就可以安身于世。中华传统文化中,实现国与国之间和睦相处的基础,就在于修养自身之"信"德,古圣先贤在对外关系上一直秉持"远人不服,则修文德以来之"的原则。因此,讲信修睦作为中华民族优良传统,重点在于对道德主体讲信义、守信用的修养自持之中。

(二)讲信修睦治国智慧的当代价值

"讲信修睦",将"信"和"睦"有机结合在了一起,组成了一个完整的实践逻辑。"讲信"为人们正确处理社会关系提供了行为规范;"修睦"则是"讲信"的实践追求,也是"讲信"的目标所指。人作为一切社会关系的总和,在日常社会实践中,通过讲究诚信建立起相互信任、密切联系与普遍认同的共同价值,这又为构建和谐、稳定、有序的社会环境提供了必要现实基础,而这种和谐、稳定的社会环境又是人得以生存与发展的必备条件。

中国共产党在领导人民革命、建设和改革历史进程中,积极践行"讲信修睦"理念,对内取信于民,对外为人类谋进步,为世界谋大同。早在革命时期,刘少奇就在《论共产党员的修养》中说:"我们无产阶级革命家忠诚纯洁,不能欺骗自己,不能欺骗人民,也不能欺骗古人。这是我们共产党员的一大特点,也是一大优点。"②

新中国成立以来,在国与国的关系处理上,中国始终坚持和平共处五项原

---

① (唐)魏徵:《群书治要》,天津人民出版社 2015 年版,第 468 页。

② 刘少奇:《论共产党员的修养》,人民出版社 2018 年版,第 26 页。

则,以实际行动维护世界和平稳定。1956 年,毛泽东指出,中国应当对人类有较大的贡献。1964 年,中国政府宣布以平等互利、不附加条件为核心的对外经济技术援助八项原则,此后中国同多个发展中国家建立经济技术联系,援建的"坦赞铁路""毛里塔尼亚友谊港"等项目惠及周边千万人口。

改革开放以来,中国坚持以开放的态度拥抱世界,有言必信、有诺必践,在国际上树立了负责任、讲信用的大国形象。中国共产党在长期实践中始终高举和平旗帜,坚持走对话而不对抗,结伴而不结盟的国与国交往新路,坚持以对话增进互信,以对话解决纷争,以对话促进安全,不断彰显中国和平、正义、文明的国家形象。

习近平总书记指出:"中国已经开启全面建设社会主义现代化国家新征程。我们愿同各方一道努力,秉持真正的多边主义,讲信修睦,合作共赢,向着推动构建人类命运共同体的目标稳步迈进。"①讲信修睦,以和为贵,一直以来都是中华优秀传统文化的内在基因。习近平总书记提出的构建人类命运共同体理念,包含和体现了"讲信修睦"在内的优秀传统文化价值理念,顺应了人类社会发展进步的时代潮流,成为新时代中国外交的一面鲜明旗帜。构建人类命运共同体,体现了仁义中国的世界担当,坚守"亲仁善邻、讲信修睦"的处世之道,奉行"义利并举、以义为先"的义利原则。中国用笃定的信念和扎实的行动,推动高质量共建"一带一路",落实"三大全球倡议",与越来越多的国家和地区共同行动,为各领域国际合作注入强劲动力,为推动构建人类命运共同体贡献中国力量。

---

① 习近平:《共克时艰,同谋发展 携手谱写远东合作新篇章:在第六届东方经济论坛全会开幕式上的致辞》,《中华人民共和国国务院公报》2021 年第 26 号。

第三章　中华优秀传统文化中的核心价值观

第一节　中华优秀传统文化的内涵与特征

一、中华优秀传统文化的内涵

中华优秀传统文化是中华民族独特的精神财富,凝结着中华民族数千年以来的智慧和结晶,具有深厚的历史底蕴和丰富的文化内涵。

习近平总书记指出,中华优秀传统文化是中华民族的精神命脉,是中华民族的"根"与"魂"。

所谓中华优秀传统文化,即指中华民族在几千年的发展进程中积累和流传下来,并且延续至今,仍在影响当代文化的活的中国古代优秀文化。中华优秀传统文化,既以物化的经典文献、文化物品等客体形式存在和延续,也以人们的思维方式、价值观念、伦理道德、风尚习俗、行为规范等主体形式存在和延续。

中华优秀传统文化体现着中华民族的文化基因,是中华民族生存发展的支撑、身份归属的标志,是维系中华民族不断发展繁荣的最深沉的力量。

影响中华民族发展深远的中华优秀传统文化,主要包括儒家文化、道家文化、法家文化。

儒家文化博大精深,在中华民族发展进程中产生了广泛而深远的影响。儒家文化中蕴含着仁、义、礼、智、信等价值观念。

仁，即指同情、爱护和关心，仁爱是儒家思想的价值核心，是社会政治、伦理道德的最高理想和标准。"仁者爱人"是儒家仁学思想的基础，在家庭伦理关系中，《论语》记载："孝悌也者，其为仁之本矣！"①这就是说在家能孝顺父母，尊敬兄长，这是做到仁的根本。在社会上，人民对仁的需求非常迫切，只有君子率先垂范，才能影响和带动广大人民群众，使仁爱价值观深入民心，即"君子笃于亲，则民兴于仁"。在人际关系的处理上，要做到推己及人，即"己欲立而立人，己欲达而达人"，只有这样，才符合仁的本旨。仁具有很高的标准，只有做到恭、宽、信、敏、惠，即为人要庄重，办事要敏捷，待人要宽厚，为人守信用和给人以恩惠，才符合仁的标准。

义，即个人行为符合礼仪和道德。儒家思想认为，仁和义之间存在密切联系，仁是修身要达到的目标，义是实现目标的途径。孔子提出"杀身以成仁"，孟子提出"舍生取义"，都将仁、义放在了超越生命的位置。

礼，即人们在社会生活中应遵循的规范和仪式。对个人而言，礼是个人精神修养、行为规范、做事准则。对社会而言，礼是有序社会结构，是推动和实现社会整合、社会统一的工具和纽带。

智，即指人们所具有的一种道德智慧，也就是辨别善恶、是非的能力。儒家思想认为，"智"是人必备的一种重要品德，是儒家理想人格的重要品质之一，也是实现仁、义的重要手段。

信，即诚实、讲信用、不虚伪。儒家思想认为，信是一种重要道德品质，是一种对他人的信任和诚实。信的实践要求人们要诚实守信，建立良好人际关系。

概言之，儒家文化是中华优秀传统文化的重要组成部分，它以仁、义、礼、智、信为核心价值，强调了人的道德修养和社会责任。

二、中华优秀传统文化的特征

中华民族在五千多年的历史发展长河中创造和形成的中华优秀传统文化，集中体现和反映了中华民族的精神特质。

---

① 孙钦善：《论语新注》，中华书局 2018 年版，第 2 页。

第一，深厚的历史底蕴。中华优秀传统文化是在中华民族五千年的历史发展长河中不断演变、沉淀、积累，形成和发展起来的，区别于其他文明样态的特有文化标识。中华优秀传统文化承载着中华民族优秀文化基因和先进精神价值观，其中许多精华被代代相传，历久弥新。中华优秀传统文化积淀和浓缩着中华民族辉煌灿烂的文化创造，折射着中华民族跌宕起伏的历史命运，昭示和开启着中华民族博大的文化愿景。

第二，优秀的价值观。中华优秀传统文化具有独特的价值观。任何一种文化体系的性质，都是由其内含的价值观所决定的。任何一种文化体系的魅力，是由其内含价值观所彰显的。任何一种文化体系的发展，都是由其内含价值观所引导的。价值观在文化体系中的独特地位和作用，决定了它在文化体系中的核心意义，从一定意义上说，坚持文化自信，就是坚持价值观自信。

中华优秀传统文化之中蕴含的核心价值观包括仁爱、忠恕、礼教、富强、民主、文明、和谐、诚信、中庸等，这些价值观深刻影响着中国人民的思维方式和行为习惯，为做人、做事，乃至治理国家提供了根本价值遵循。

第三，强烈的人文精神。中华传统美德是中华优秀传统文化的精髓，凸显人文精神，注重人与自然、人与人、人与社会之间的和谐关系。

第二节　中华优秀传统文化中的核心价值观

一、价值观

价值观是人们对客观存在事物的总的看法和根本观点，是在人和社会精神系统中，最深层、最核心，起主导作用，又相对稳定的成分。

价值观具有稳定性、持久性，即人们一旦树立起某种特定价值观，轻易不会发生改变。

价值观具有历史性。价值主体树立何种价值观，与其所处的时代、环境等因素息息相关，不同的时代背景、生活环境影响和决定一个人价值观的形成。社会的物质资料生产方式、政治法律制度、社会意识形态、文化环境、社会思潮，都会对一个人的价值观形成产生影响。家庭背景、教育水平、成长经历、社会地位，也是一个人价值观形成的重要影响因素。

价值观具有主观性。价值主体在辨别和区分人、事、物的好与坏、优与劣时，会依据个人的价值取向、价值追求，对各类事物进行辨别、评判，这一过程是价值主体的价值观由内向外的转化过程，表现为价值主体的价值自觉。

价值观对价值主体而言，具有动力作用、调节作用、标准作用、定向作用。

第一，动力作用。价值观决定人的自我认识，直接影响和决定一个人的理想信念、生活目标和追求方向。价值观通过人的行为取向及对事物的评价、态度反映出来，是促使价值主体形成与价值观相一致行为的内驱动力。

第二，标准作用。价值观为价值主体评价客观事物提供了根本价值标准。价值主体依据这一价值标准，实现对客观事物的评价和检验。

第三，调节作用。价值观对价值主体的价值选择和价值追求，发挥着调节作用。一旦价值主体的价值选择和价值追求发生偏离，价值观将针对价值主体的价值行为发挥调节作用，促使价值主体的价值行为重回正确价值轨道。

第四，定向作用。价值观对主体人认识世界、改造世界的实践活动发挥着重要导向作用。一旦主体人树立起某种价值观，将以这种价值观为标准和依据，认识事物、评价事物。同时，主体人会在所确立起的价值观的引领和驱使下，选择与价值观相一致的人生道路和生活方式。

二、核心价值观

核心价值观，是在社会价值系统中，处于统治和支配地位的价值观。核心价值观符合社会发展方向和人类整体利益，有着鼓舞人心、鼓舞民众不断进步的功效。核心价值观蕴含着十分高尚、值得人民前赴后继为之不懈奋斗的本质合理性。

核心价值观蕴含着伟大的精神因素，体现为一种精神力量。作为支撑一个集体乃至国家的价值观念，核心价值观具有极强的影响力和凝聚力，具有凝聚大多数人民意志，汇聚大多数人民力量的强大功能。

对于一个组织而言，核心价值观是组织文化的核心。组织的领导者和全体人员对企业的运作活动、组织及其人员行为是否有价值及价值大小的总的看法和根本观点,是各层级人员广泛接受的、占主导地位的价值观。

对于一个社会而言,核心价值观作为处于支配地位的价值观,是社会成员普遍认同的价值理想、价值信念、价值尺度、价值原则的集中反映。核心价值观要在实践中真正发挥作用,必须转化为社会成员的普遍认同,使社会成员自觉接受、自觉认同、自觉遵循。

在社会价值体系中,具有核心属性、发挥核心作用的价值观,一般具有以下特征。

第一,必须反映全体人民的普遍愿望和共同追求。

第二,是具有稳定性、长期性的价值准则。核心价值观是经过时间沉淀、实践检验的价值规范,是在组织、社会,乃至国家长期治理实践中积累和沉淀下来的,并将在组织、社会和国家治理实践中继续发挥作用的价值观。

第三,是具有关键性的价值准则。核心价值观是对曾经在或正在组织、社会,乃至国家治理实践中发挥主导作用的价值观进行凝练、筛选、概括和总结的结果,是最具代表性和标志性的价值观。

第四,是具有统摄性、引领性的价值准则。核心价值观处在价值体系的顶端,能够统摄价值体系中其他层级的价值观,使其他层级的价值观紧紧围绕在核心价值观的周围,发挥对核心价值观的辅助、补充作用。

核心价值观的功能,主要体现在评判功能、凝聚功能、导向功能、调整功能、规范功能和动力功能六个方面。

第一,评判功能。由于社会价值主体所秉持的价值观差异,从价值主体个体价值追求出发,进行的价值选择、价值评判、价值追求,往往是复杂、多元的。核心价值观为全体社会成员确立了统一、规范的价值评判标准,发挥着价值权威功能,实现了尊重个体价值差异与一元价值追求的有机统一。

第二,凝聚功能。核心价值观体现并反映大多数人的主观愿望和价值追求,能够实现在尊重价值差异的基础上,统一意志、凝聚力量的功能。

第三,导向功能。核心价值观具有为全体社会成员明确价值目标、确立正确价值追求的功能。核心价值观所诠释的价值取向、价值追求,为社会成员在社会实践中应当提倡什么、反对什么提供了鲜明价值指引。

第四,调整功能。核心价值观,为社会不同价值观提供了先进抑或落后、积极抑或消极的评判标准,发挥着价值权威作用。只有与核心价值观在立场、原则和方向相符的价值观,才具有合理性和先进性。因此,当个体价值观与核心价值观发生矛盾和冲突时,核心价值观将为众多个体价值观选择提供参照系,使矛盾和冲突在核心价值观的价值框架下,得到有效规制和合理解决,使不符合核心价值观要求的价值观得到及时调整。

第五,规范功能。核心价值观作为一种上层建筑,与社会发展秩序紧密相关。核心价值观借助国家治理之力,创造必要的精神文化条件和道德舆论环境,将社会价值目标和价值规则具体化、规范化,使人们围绕核心价值观达成共识,以此实现对社会力量的动员、整合,达到规范和维持社会秩序的目的。

第六,动力功能。在影响社会发展的诸多因素中,生产力起着决定性作用,但社会领域中的其他因素在推动社会发展中也起着重要作用,特别是思想文化观念和社会价值体系。社会的发展和进步,需要先进的思想和价值观来引领。核心价值观,作为社会成员的普遍愿望和共同理想,体现并反映着全体人民的共同价值追求,这种起主导作用的核心价值观,不仅为社会发展提供了重要价值引领,还发挥着激励全体社会成员向着共同价值目标而团结奋斗的动力功能。

三、中华优秀传统文化中的核心价值观

中华优秀传统文化所蕴含的核心价值观,是中华优秀传统文化中的精髓,体现和反映了古人先贤对人性、社会、道德等方面的深刻思考和实践。

儒家文化是中华优秀传统文化的重要组成部分,对形成和丰富中华民族精神发挥了十分重要的作用。蕴含于儒家文化中的核心价值观,体现在个人层面,包括仁、义、诚、信、孝、和、忠、廉、强、毅、勇、直,即仁爱、道义、诚实、守信、孝悌、和睦、忠实、廉耻、自强、坚毅、勇敢、正直。儒家文化中的个人层面核心价值观,还包括爱国、尊礼、守法、奉公、敬业等。儒家文化中关于社会和国家层面的核心价值观,包括仁爱、民本、正义、和合、大同等。

作为中华优秀传统文化的重要组成部分,道家文化中的核心价值观,主要体现为和谐、自由。与儒家不同,道家文化主要通过揭示人与自然之间的辩证关系来彰显人存在的价值和意义。在人与人、人与社会、人与自然的关系处理

上，道家思想认为，应采取"无为"的行事法则，遵循客观事物内在规律，顺势而为。在个人修养方面，道家思想强调要遵循自然规律，自觉追求内在平衡与和谐。在社会和国家治理方面，道家思想主张让社会自然而然地发展和进步。

中华优秀传统文化中，法家思想强调富国强兵、以法治国。中华传统法治文化中的核心价值观，包括诚信、法治、平等、公正等。法家学派重视法律在国家治理中的作用，把法律视为有利于社会和国家统治的工具，运用法治手段巩固中央集权，稳定社会秩序。法家学派认为人们的道德水平与物质基础有着直接且紧密的联系，当社会的物质财富足以满足人们的物质需求时，人们就会行仁义、讲道德。在公、私二者关系的处理上，法家学派主张去私行公，唯有如此，才能达到公平、公正的价值目标。

概言之，儒家文化、道家文化、法家文化是中华优秀传统文化的重要组成，其中蕴含着十分丰富的价值资源。准确理解和把握蕴含于中华优秀传统文化中核心价值观的价值内涵，在传承中创新，在创新中发展，对于推动国家发展、社会和谐、促进人类文明进步具有深远意义。

第三节　中华优秀传统文化与社会主义核心价值体系

一、坚持以马克思主义为指导

社会主义核心价值体系，是对在社会主义建设实践中形成的价值规范进行提炼、概括、总结的结果，体现和反映了社会主义制度属性，为社会主义建设提供了根本价值遵循。

在中国特色社会主义建设实践中，坚持社会主义核心价值体系，必须坚持马克思主义的指导地位。马克思主义运用辩证唯物主义、历史唯物主义世界观、方法论，科学揭示了人类社会发展规律，指明了人类社会的前进方向，是人类认识世界、改造世界的强大理论武器。

马克思主义自 20 世纪初传入中国，实现了与中国革命、建设、改革实践的有机结合，形成了马克思主义中国化系列成果，这些成果生动而具体地坚持和发展了马克思主义。马克思主义中国化的成功实践,充分证明了马克思主义的科学性和强大生命力。

坚持马克思主义的指导地位,不是把马克思主义当作教条,也不是通过人为的强制行动对其加以确立和巩固,根本的一点就是坚持理论与实际相结合的原则,不断进行理论创新,不断推进马克思主义的中国化、时代化、大众化。党领导人民进行革命、建设和改革的伟大实践证明,马克思主义只有与中国国情相结合,与中华优秀传统文化相结合,与时代发展同进步,与人民群众共命运,才能焕发出强大的生命力、创造力和感召力。

坚持马克思主义的指导地位,必须传承和弘扬中华优秀传统文化,不断繁荣和发展中国特色社会主义先进文化。扎根中华优秀文化土壤,汲取中华优秀传统文化养分,是马克思主义在中国大地具有旺盛生命力的根本保证。

中华优秀传统文化是中华民族的文明基因,马克思主义以其真理的力量激活了中华文明,中华文明以其丰厚的思想财富滋养了马克思主义。坚持马克思主义与中华优秀传统文化相结合,不仅是创造中华文化新辉煌的必要条件,也是开辟马克思主义中国化新境界的内在要求。

中国共产党在领导人民推进马克思主义中国化进程中,始终坚持将马克思主义基本原理同中华优秀传统文化相结合,创造形成了革命文化、社会主义先进文化,使马克思主义呈现出一种中国作风和中国气派。如从"修学好古"到"实事求是",从"民惟邦本、本固邦宁"到"为人民服务""人民至上""以人民为中心",从"天行健,君子以自强不息"到"艰苦奋斗",从"威武不能屈"到"和平发展道路",从"革故鼎新"到"改革开放",从"为政以德"到"以德治国",等等,生动体现了中华优秀传统文化与革命文化、社会主义先进文化的一脉相承。

概言之,坚持马克思主义的指导地位,是贯穿党领导人民进行革命、建设和改革的一条主线,是党的各项事业不断取得胜利的根本保证。建成社会主义现代化强国和实现中华民族的伟大复兴,就需要中国共产党人始终坚持运用马克思主义这一世界观和方法论,紧密结合中国具体实际,结合中华优秀传统文化,不断实现马克思主义中国化的新飞跃。要传承和创新中国人民在长期社会实践中积累起来的精神资源和文化遗产,为中国特色社会主义现代化建设提供深厚文化基础、强大精神力量。

二、中国特色社会主义共同理想

中国特色社会主义共同理想是社会主义核心价值体系的主题。所谓共同，就是体现和反映全体人民的共同意志；所谓理想，就是全体人民共同为之奋斗的目标。这一共同理想，就是全体人民在党的领导下，坚定建设中国特色社会主义的道路自信、理论自信、制度自信、文化自信，致力于为实现建成社会主义现代化强国和实现中华民族的伟大复兴贡献智慧和力量。

中国共产党成立伊始，就将为中国人民谋幸福、为中华民族谋复兴作为党的初心和使命，带领人民矢志不渝地进行艰苦奋斗。中国特色社会主义事业，是党带领人民在相继取得新民主主义革命、社会主义革命伟大胜利基础上，经过对社会主义建设道路初步探索后，成功开辟和形成的符合中国国情的中国特色社会主义事业，在实践中具有显著优势，并取得了巨大建设成就。中国特色社会主义事业涵盖中国特色社会主义道路、理论、制度和文化。

建设中国特色社会主义，是全体中国人民的共同追求和生动实践，全体中华儿女是建设中国特色社会主义的主体力量。将全体中华儿女团结起来，形成无坚不摧的磅礴之力，需要在广大人民群众思想深处培育共同理想信念，并在这一共同理想信念引领下，将其转化为建设中国特色社会主义的伟大实践。

中国特色社会主义共同理想是动员和激励全国各族人民团结奋斗的精神旗帜，它把国家发展、民族振兴和个人幸福紧密地联系在一起，把各个阶层、各个群体的共同愿望有机结合在一起，具有强大的感召力、凝聚力。

当下，坚持中国特色社会主义共同理想，就是坚定中国特色社会主义的道路、理论、制度和文化自信，坚定不移地听党话、跟党走，调动一切可以调动的积极因素，团结一切可以团结的力量，矢志不移地为建设中国特色社会主义事业贡献力量，将中国特色社会主义事业不断推向前进。

三、以爱国主义为核心的民族精神

以爱国主义为核心的民族精神和以改革创新为核心的时代精神，是社会主义核心价值体系的精髓。在五千多年的历史长河中，中华民族形成了以爱国主义为核心的团结统一、爱好和平、勤劳勇敢、自强不息的伟大民族精神，这一精神深深熔铸于中华民族的血脉之中,成为中华民族生生不息的精神源泉、力量源泉。

近代以来,由于外来侵略者的剥削和本国统治者的腐败,中华民族遭受到了前所未有的劫难,国家蒙辱、人民蒙难、文明蒙尘。在实现民族独立和人民解放的革命征程中,中华民族传承和发扬以爱国主义为核心的民族精神,在中国共产党的领导下,全体中国人民紧紧地团结在一起,同心协力、众志成城、不畏艰险、勇往直前,汇聚起了无往而不胜的磅礴之力,推翻了压在人民头上的"三座大山",实现了民族独立和人民解放。党领导人民在新民主主义革命的伟大实践中,相继形成的井冈山精神、长征精神、抗日精神、西柏坡精神等,就是以爱国主义为核心民族精神的生动写照。

新民主主义革命时期,面对强大的反动力量、艰苦的斗争环境、匮乏的物质条件,在爱国主义旗帜的引领和感召下,全体中国人民万众一心、众志成城,将弥足珍贵的爱国主义精神汇聚成坚定的革命意志,转化为将革命进行到底的力量,为新民主主义革命胜利提供了强大精神支撑。

党的十八大以来,中国特色社会主义进入新时代,党带领人民正朝着建成社会主义现代化强国和实现中华民族伟大复兴的新征程上阔步前进。实现中华民族的伟大复兴,是全体中国人民的共同夙愿。复兴之路,也并不会一帆风顺,将面临难以想象,甚至是惊涛骇浪的风险和考验。面对前进道路上的各种风浪考验,全体中国人民需要团结一心、紧紧拧成一股绳,以驰而不息的艰苦努力,汇聚无坚不摧的强大合力。

这就需要继续传承和弘扬以爱国主义为核心的民族精神,将每一个人的个人利益与国家利益、民族利益紧紧地联结在一起,在实践中不断提升服务国家和人民的能力和本领,以国事为己事,激励每一位中国特色社会主义建设者艰苦奋斗、攻坚克难,谱写出无愧于时代的绚丽华章。

四、以改革创新为核心的时代精神

在改革开放的新时期,中华民族形成了锐意改革、敢于创新的时代精神。回顾改革历程,1978 年,安徽凤阳县小岗村的十八位农民敢为天下先,包产到户这一创举,拉开了农村经济体制改革序幕,中国的改革进程从此驶入了快车道,创办经济特区、发展社会主义商品经济、建立社会主义市场经济体制等一系列改革举措相继出台,给中国特色社会主义事业发展注入了强大动力。

改革不是对原有体制、机制细枝末节的修补,而是对体制、机制的根本性重塑,赋予各领域发展新的生机与活力。改革既要改革生产力本身,实现生产力各组成要素的革命性变革,也要对阻碍生产力发展的生产关系和上层建筑进行改革与创新,为生产力的解放和发展开辟道路。

从改革涉及的领域来看,改革涉及经济、政治、文化、社会、生态、党建等各个领域;从改革的内容看,改革是对原有体制、机制的破旧立新,是对原有体制、机制的根本性重塑;从改革的广泛性、全面性、深刻性来看,改革是中国的第二次革命。改革,本身意味着对旧事物的一种扬弃,即在守正中创新,继承中发展。要将改革进行到底,除要准确认识改革对象中存在的问题之外,还需要针对问题制定改革之策,更需要有推进问题解决的意志和决心。

事物总是在新陈代谢中逐次递进、不断向上发展的,勇于改革、勇于创新,是时代之需、民族之需、事业之需。改革是中国特色社会主义发展的根本动力,改革只有进行时,没有完成时,持之以恒地推进改革,需要坚定改革的意志和决心,在全社会持续弘扬改革创新的时代精神,让勇于改革、勇于创新的时代精神激励全体中国人民突破创新、攻坚克难,为夺取中国特色社会主义事业新胜利提供根本精神动力。

党的十八大以来,面对各领域中的深层次矛盾和问题,党中央、国务院从中国特色社会主义事业发展全局出发,提出全面深化改革这一重大举措,推动改革向纵向延伸,不断走深、走实。夺取中国特色社会主义事业新胜利,需要继续发扬勇于改革、勇于创新的时代精神,以抓铁有痕、踏石留印的工作作风,扎实推进全面深化改革,多思改革之举,善谋改革之策,为中国特色社会主义事业发展提供源源不断的精神动力。

五、社会主义荣辱观

荣辱观是指人们对荣与辱的评价标准。社会主义荣辱观,是在社会主义制度下,人们对好与坏、美与丑、善与恶、荣与辱的价值判断,是检验一个人是否树立正确价值观的根本标准。

社会主义荣辱观是社会主义价值体系的基础，一个社会能否和谐，国家治理是否有效，在很大程度上取决于全体公民的思想道德素质。只有明荣辱、辨善恶，一个人才能形成正确的价值认知，做出正确的价值判断，一个社会才能形成良好道德风尚。社会主义荣辱观鲜明地指出了何为真善美、何为假恶丑，以何为荣、以何为耻，为人们在社会主义市场经济条件下明辨是非，确定价值取向，做出道德选择提供了根本标准。

建设中国特色社会主义，不仅要巩固马克思主义在意识形态的指导地位，树立正确理想信念，倡导伟大的民族精神和时代精神，也需要在全社会确立起人人皆知、普遍遵守的价值准则和行为规范，使每一个公民都树立正确价值取向，形成正确价值追求。

社会主义荣辱观，既是对中华传统美德的传承，也是时代精神的汇聚和体现。"以热爱祖国为荣、以危害祖国为耻"，就是指在建设中国特色社会主义的伟大实践中，以奉献祖国、服务祖国、建设祖国为光荣，以损害祖国的利益、荣誉和尊严为耻辱。

"以服务人民为荣、以背离人民为耻"，就是指不论在什么样的工作岗位上，都以将人民利益放在第一位，以全心全意为人民服务为光荣，以违背人民意志、损害人民利益为耻辱。

"以崇尚科学为荣、以愚昧无知为耻"，就是指在建设中国特色社会主义的伟大实践中，牢牢坚持"科学技术是第一生产力"这一思想，大力推动科技领域的创新，在全社会营造讲科学、爱科学、学科学、用科学的良好风尚，以违背科学规律、背离科学精神，不信科学、不爱科学、不学科学、不用科学为耻辱。

"以辛勤劳动为荣、以好逸恶劳为耻"，就是指在建设中国特色社会主义伟大实践中，坚持美好生活是从劳动中取得的这一真理，在全社会营造尊重劳动、尊重创造的良好风尚，以热爱劳动、辛勤劳动为光荣，以贪图安逸、追求享乐的行径为耻辱。

"以团结互助为荣、以损人利己为耻"，就是指在建设中国特色社会主义实践中，以精诚团结、互帮互助、共同进步为光荣，以为一己私利损害他人利益的行为为耻辱。

"以诚实守信为荣、以见利忘义为耻"，就是指在建设中国特色社会主义实践中,以讲诚信、讲公平、守信誉、讲公正为光荣,以唯利是图、舍义取利的行为为耻辱。

"以遵纪守法为荣、以违法乱纪为耻",就是指在建设中国特色社会主义实践中,以懂法、知法、守法,在法律框架范围内开展各项活动、行使各项权利为光荣,以违反法律规定、违反规则纪律为耻辱。

"以艰苦奋斗为荣、以骄奢淫逸为耻",就是指在建设中国特色社会主义实践中,以不怕吃苦、攻坚克难为光荣,以骄横、奢侈、荒淫无度为耻辱。

第四节　中华优秀传统文化中的社会主义核心价值观体现

一、社会主义核心价值观的价值来源

社会主义核心价值观深深根植于中华优秀传统文化的土壤中,是在批判借鉴西方优秀价值观的基础上,对在社会主义现代化建设实践中长期发挥过作用的价值观进行提炼、概括、总结的结果。中华优秀传统文化是社会主义核心价值观的重要文化来源。西方优秀价值观是社会主义核心价值观的重要借鉴。中国特色社会主义伟大实践是社会主义核心价值观的重要实践来源。

(一)中华优秀传统文化

习近平总书记指出,要"使中华优秀传统文化成为涵养社会主义核心价值观的重要源泉",这就深刻阐明了社会主义核心价值观与中华传统文化之间的关系。中华优秀传统文化,如讲仁爱、重民本、守诚信、崇正义、尚和合、求大同等价值追求,对社会主义核心价值观具有重大涵养作用。社会主义核心价值观是在对中华优秀传统文化的传承与创新中形成和发展起来的,中华优秀传统文化蕴含着中华文明基因,是社会主义核心价值观形成的重要源泉。

国内学者黄钊认为:"社会主义核心价值观,涉及十二项概念。其中,至少有八项概念(即富强、文明、和谐、公正、法治、敬业、诚信、友善)可从《周易》中找到原始基因。"①此外，在中华优秀传统文化的典籍中，有许多类似社会主义核心价值观的文字记载，虽然古人对传统核心价值观的记载和阐述具有古代社会的时代烙印，但其蕴含社会主义核心价值观的价值阐释和价值追求，伴随着文化血脉传承和绵延，为当代国家治理实践提供了有益价值启示。

(二)中国特色社会主义伟大实践

中国特色社会主义伟大实践是社会主义核心价值观形成的重要实践基础。

党领导人民建设社会主义事业伟大实践中，分阶段明确了不同时期国家建设的目标。20世纪50—60年代，党提出争取到20世纪末实现"四个现代化"奋斗目标，即工业现代化、农业现代化、国防现代化和科学技术现代化。

1982年，党的十二大提出了建设有中国特色的社会主义，并确定"两步走"战略目标。

1987年，党的十三大提出了社会主义现代化建设的"三步走"发展战略，明确提出了到2050年我国人均国内生产总值达到中等发达国家水平，基本实现现代化。

1997年，党的十五大提出了新的"三步走"发展战略，其中在第三步发展战略中提出，到中华人民共和国成立一百周年时，把我国建成富强、民主、文明的社会主义国家。

2017年，党的十九大明确了从2020年到21世纪中叶分两个阶段全面建设社会主义现代化国家新的奋斗目标，明确了到2050年，把我国建设成为富强、民主、文明、和谐、美丽的社会主义现代化强国的奋斗目标。

社会主义核心价值观国家层面的价值目标是富强、民主、文明、和谐，与党和国家不同时期制定的国家发展目标，尤其是中国共产党第十五次全国代表大会和中国共产党第十九次全国代表大会对国家建设目标的设定和描述高度契合，这本身说明了党领导人民在进行中国特色社会主义建设伟大实践中所明确的不同阶段和不同时期的奋斗目标，为社会主义核心价值观国家层面价值目标

---

① 黄钊:《论社会主义核心价值观同中华易学智慧的渊源关系》,《武汉大学学报》(哲学社会科学版)2016年第5期。

界定提供了重要价值依据。

党领导人民在进行中国特色社会主义伟大建设实践中,对中国特色社会主义事业总体布局的认识,是伴随着中国特色社会主义实践的深化而不断深化的,从"两个文明""三大纲领""四大建设",再到"五位一体"总体布局,经历了由点到面、由局部到整体、由简单到复杂的逐步递进发展过程。

1982年,党的十二大报告第一次系统论述了"两个文明",指出客观世界包括自然界和社会,改造自然界的物质成果就是物质文明,它表现为人们物质生产的进步和物质生活的改善。在改造客观世界的同时,人们的主观世界也得到改造,社会的精神生产和精神生活的发展成果就是精神文明,它表现为教育、科学、文化知识的发达和人们思想、政治、道德水平的提高。社会的改造、社会制度的进步,最终都将表现为物质文明和精神文明的发展,这是"两个文明"总体布局的最初形成。

1997年,党的第十五次全国代表大会总结了社会主义建设基本经验,第一次从政治、经济、文化三个维度确立了党在社会主义初级阶段的基本纲领,这标志着"三位一体"总体布局的形成。进入21世纪,随着改革开放不断深化,社会转型和体制转轨速度进一步加快,我国在经济快速发展的同时,出现了社会建设滞后的状况,城乡差距扩大、社会矛盾日益突出,这些变化对党和政府的社会治理思维和治理方式提出了新的挑战。以胡锦涛为代表的中国共产党人深刻认识到,必须把社会建设放到重要的战略位置上来,中国特色社会主义总体布局由社会主义经济建设、政治建设、文化建设"三位一体"发展为社会主义经济建设、政治建设、文化建设、社会建设"四位一体"。2007年,党的第十七次全国代表大会第一次从"四位一体"总体布局的逻辑来论述中国特色社会主义道路及其基本纲领。

2012年,党的十八大报告对生态文明建设做了明确阐述,中国特色社会主义事业的总体布局从"四位一体"拓展为"五位一体"。

中国特色社会主义事业总体布局从"三位一体"到"四位一体"的变化中,突出强调了社会建设的重要性。2006年10月,党的十六届六中全会审议通过了《中共中央关于构建社会主义和谐社会若干重大问题的决定》,提出了到2020年构建社会主义和谐社会的美好目标。党领导人民所构建的社会主义和谐社会,是民主法治、公平正义、诚信友爱、充满活力、安定有序、人与自然和谐相处的社会。梳理社会主义和谐社会的建设目标,包括民主、法治、公平、正义、诚信、友爱、和谐等价值追求,社会主义核心价值观中关于社会建设的价值目标是自由、平等、公正、法治,社会主义和谐社会建设的价值目标与社会主义核心价值观中社会建设的价值目标高度契合,为社会主义核心价值观中社会层面价值目标的界定提供了重要价值依据。

从党领导人民加强公民道德建设实践看,2001 年中共中央印发《公民道德建设实施纲要》,是为了更好弘扬民族精神和时代精神,形成良好的社会道德风尚,促进物质文明与精神文明协调发展。

从《公民道德建设实施纲要》的提出及实施情况看,我国公民道德建设总体水平不断提高,爱国主义、集体主义、社会主义思想日益深入人心,为人民服务的精神不断发扬光大,崇尚先进、学习先进蔚然成风,追求科学、文明、健康的生活方式已成为人民群众的自觉行动,社会道德风尚呈现积极向上的良好发展态势。

我国公民道德建设整体水平不断提高的同时,我国公民道德建设仍然存在着一些突出问题。主要表现为:社会上一些领域和一些地方,还不同程度地存在道德失范,是非、善恶、美丑界限混淆,拜金主义、享乐主义、极端个人主义有所滋长,见利忘义、损公肥私、不讲信用、欺骗欺诈等行为时有发生,以权谋私、腐化堕落等现象还严重存在。

面对道德建设中存在的许多新情况、新问题和新矛盾,党和政府积极探索新形势下道德建设的特点和规律,在内容、形式、方法、手段、机制等方面不断改进和创新,不断提高公民道德建设整体水平。公民道德建设的方针,就是在全社会大力倡导"爱国守法、明礼诚信、团结友善、勤俭自强、敬业奉献"的基本道德规范。

《公民道德建设实施纲要》所倡导的公民道德建设基本方针,与公民层面社会主义核心价值观——爱国、敬业、诚信、友善高度吻合,是公民层面社会主义核心价值观界定的重要价值依据。

(三)西方优秀传统文化中的价值资源

资本主义制度推翻封建制度,资产阶级取代封建专制统治的过程中,逐步形成了以自由、民主、平等为标识的价值观,西方优秀传统文化中的价值资源对我们凝练和形成社会主义核心价值观具有重要借鉴作用。

国内学者韩震认为:"社会主义核心价值观是在吸收包括资本主义文明成果在内的一切文明成果的基础上发展起来的,代表了人类进步的价值理想。""社会主义核心价值观也主要基于生产资料的公有制而与资本主义区别开来。"[1]例如:社会主义核心价值观中的"自由"与西方价值观中的"自由"存在本质上的不同,社会主义核心价值观中强调的"自由",是人的自由全面发展的自由。恩格斯认为:"我们的目的是要建立社会主义制度,这种制度将给所有的人提供健康而有益的工作,给所有的人提供充裕的物质生活和闲暇时间,给所有的人提供真正的充分的自由。"[2]从恩格斯的自由观中,可以看出社会主义核心价值观中的自由,是全面、完整、真实的人类自由观,是引领社会发展进步的精神旗帜。

资本主义制度所倡导的自由,是资产阶级的自由,是少数人的自由,是以损害广大无产阶级利益为代价的自由,这就使资本主义制度下的自由具有虚伪性和落后性特征,也不能代表整个人类的发展方向。

自由对于民族而言是指国家独立、民族独立、个人获得解放、个性获得发展。在我国新民主主义革命时期,为了求得民族独立、国家独立、人民解放,为了争得国家的自由、民族的自由、人民的自由,党领导人民同一切压迫和剥削人民的反动力量进行了不屈不挠的斗争。在解放广大人民的号召下,全体人民作为解放自身的主体力量,在争取民族独立和人民解放的伟大实践中,释放出巨大的斗争潜力,谱写出了惊天地、泣鬼神的英雄史诗。

自由还体现为人在社会关系中的状态,即个人从外界种种束缚中解放出来,不受他人的奴役、支配,具有自觉、自愿、自主的行为自由,能够按照自己的

---

① 韩震:《中西方核心价值观有何不同》,《求是》2014年第2期。

② 《马克思恩格斯全集》第二十一卷,人民出版社1965年版,第571页。

意愿、兴趣和爱好,发展自己多方面的才能,充分展示和发展自己的个性。正如马克思所说:"代替那存在着阶级和阶级对立的资产阶级旧社会的,将是这样一个联合体,在那里,每个人的自由发展是一切人的自由发展的条件。"①社会主义制度的建立、发展与完善,为广大劳动人民创造出了自由而全面发展的社会条件,使广大人民能够在劳动中自由创新,朝着"自由人联合体"的方向前进。

资本主义制度下,资本对无产阶级的束缚与剥削,使广大无产阶级难以从资本的奴役和支配中解放出来,无产阶级受压迫、被奴役的命运,使无产阶级的生命尊严荡然无存,劳动和生存都表现为异化状态。

要真正实现无产阶级的自由和全人类的自由解放,就必须摆脱这种人剥削人、人压迫人的社会制度,创建起一种人人平等的社会新形态。公有代替私有,社会主义制度代替资本主义制度,是人类社会发展的必然趋势,是人类文明发展的必然走向,也是无产阶级和全体人民获得自由的必由之路。

二、社会主义核心价值观的中华优秀传统文化溯源

社会主义核心价值观是对社会主义制度的总的看法和根本观点,是对社会主义制度的价值表达。社会主义核心价值观体现了全体人民的共同愿望,反映了全体人民的共同价值追求。国内学者对社会主义核心价值观内涵研究的代表性观点如下。张耀灿认为:"社会主义核心价值观是社会主义意识形态的核心和集中体现。"②刘书林认为:"毫无疑问,作为观念形态的文化,社会主义核心价值观是上层建筑的一部分,是社会主义意识形态的重要方面,它为社会主义的经济基础服务。"③

社会主义核心价值观明确了国家建设、社会构建和公民培育的价值目标,深刻回答了"要建设一个什么样的国家,构建一个什么样的社会,培育什么样的公民"的问题。其中,富强、民主、文明、和谐作为国家建设层面的价值追求,明确了国家建设的奋斗目标和方向;自由、平等、公正、法治作为社会建设层面的

---

① 《马克思恩格斯选集》第一卷,人民出版社 1995 年版,第 294 页。
② 张耀灿:《构建社会主义核心价值观养成教育长效机制的思考》,《社会主义核心价值观研究》2015 年第 1 期。
③ 刘书林:《培育社会主义核心价值观的基本原则》,《思想理论教育》2013 年第 3 期。

价值追求,明确了社会建设的奋斗目标和方向;爱国、敬业、诚信、友善作为公民价值观建设层面的价值追求,明确了公民价值观培育的目标。

中华优秀传统文化是涵养社会主义核心价值观的重要文化资源,是社会主义核心价值观的重要思想源泉。古代文献资料中,有许多关于富强、民主、文明、和谐、自由、平等、公正、法治、爱国、敬业、诚信、友善等价值观的文字记载,深入挖掘中华优秀传统文化中社会主义核心价值观的价值内涵,紧密结合我国当代国家建设实际,在传承中创新,不断赋予其新的价值内涵,将有助于进一步彰显其当代价值。

(一)富强

富强,是国家经济领域的建设目标,即国富民强,国家的经济实力大幅度跃升,物质财富不断丰富,以及由此带来的人民生活水平的显著提高。《汉语大词典》中对富强一词解释为物产丰富,力量强大。

关于富强一词,《春秋论》中记载:"齐桓、晋文阳为尊周而实欲富强其国,故夫子与其事而不与其心。"①《管子·形势解》中记载:"主之所以为功者,富强也。故国富兵强,则诸侯服其政,邻敌畏其威。"②这里的富强,意指国富兵强。《史记·李斯列传》中记载:"孝公用商鞅之法,移风易俗,民以殷盛,国以富强。"③这里的富强一词,意指富足而强盛。

如果将富强二字分解来看:富,意指财富充裕;强,意指力量强大。古代文献中记载的富强一词,主要用于对国家实力的描述和概括。了解古代文献中富强一词的解释,为准确认识和理解社会主义核心价值观中富强一词的含义提供了有益启示。

社会主义核心价值观中富强一词和古代文献记载中的富强一词,都反映了国家层面的价值追求。即社会主义核心价值观中富强一词与古代文献记载中富强一词的含义,都有国家发展、民生富足、力量强大之意。其不同之处在于,

---

① (宋)苏洵:《嘉祐集卷六·春秋论》,《苏洵集》,邱少华注释,中国书店出版社2000年版,第213页。

② 黎翔凤:《管子校注》(下),中华书局2019年版,第1296页。

③ (西汉)司马迁:《史记》,中华书局1999年版,第1977页。

二者分别体现和反映不同时代背景和社会发展条件下的国家富强之意。

以富强作为国家层面的价值追求,需要牢牢坚持以经济建设为中心不动摇,全面深化改革,继续扩大开放,不断解放和发展生产力,推动我国经济实现更高质量发展,推动我国科技实现质的跃升,通过坚持不懈、久久为功的砥砺拼搏、接继奋斗,最终把我国建设成为经济繁荣、综合国力强大的社会主义现代化强国。

(二)民主

民主,是国家政治领域的建设目标,社会主义民主政治的本质与核心,是人民民主,即人民当家作主。"民主"一词最早源自古希腊语,意指人民有参与国事或对国事自由发表意见的权利。

我国最早记载"民主"一词的典籍,是先秦时期的《尚书》。《尚书·咸有一德》中记载:"后非民罔使,民非后罔事,无自广以狭人,匹夫匹妇,不获自尽,民主罔与成厥功。"①意思是说,君主没有人民就无人任用,人民没有君主就无处尽力。不要自高自大轻视百姓,也不要对自己阔绰,对百姓吝啬,百姓如果不各尽其力,就没有人帮助君主建功立业。这里的民主,意指人民之主、为人民作主的意思。

《尚书》中记载:"天惟时求民主,乃大降显休命于成汤。"②这里"民主"一词,意思是指人民之主。《三国志·吴志·钟离牧传》中记载:"仆为民主,当以法率下。"③这里的民主之意,指官吏、为政者。

到了近代,"民主"一词的含义,指人民参与国事的权利,如《盛世危言·议院》中记载:"君主者,权偏于上;民主者,权偏于下。"④但是,这与社会主义核心价值观中"民主"一词的含义仍有区别。

社会主义核心价值观中的民主,与西方资本主义国家"民主"一词的含义有区别。西方资本主义国家的民主,是建立在资本主义私有制和资本主义剥削制

---

① 王世舜、王翠叶译注:《尚书》,中华书局 2012 年版,第 412 页。
② 王世舜、王翠叶译注:《尚书》,中华书局 2012 年版,第 278 页
③ (晋)陈寿:《三国志》,中华书局 1999 年版,第 1027 页。
④ 夏东元:《郑观应集·盛世危言》,中华书局 2013 年版,第 93 页。

度基础之上的民主,本质上是剥削阶级的民主,是少数人的民主。资本逐利的本性推动资本积累规模的不断扩张,这将进一步加大社会资源分配的不公,加剧社会的两极分化,使民众的民主权利进一步受到限制。

社会主义核心价值观中的民主,其本意是人民民主,是多数人的民主。社会主义制度的确立,为保障人民当家作主提供了根本制度前提。建设社会主义民主,需要通过丰富民主形式、拓宽民主渠道、完善民主制度,保证人民以各种途径和形式参与国家政治生活,要大力发展全过程人民民主,充分保障人民民主权利,以达到集中人民智慧、凝聚人民力量的根本目的。

(三)文明

文明,是文化领域的建设目标,是社会进步的重要标志。我国最早记载文明一词的典籍是《周易·乾·文言》,其中记载:"见龙在田,天下文明。"[1]此后,在《尚书·虞书·舜典》中记载:"睿哲文明,温恭允塞。"[2]这里的"文明"一词,有经天纬地、照临四方之意。《周易·大有》中记载:"其德刚健而文明,应乎天而时行,是以元亨。"[3]这里"文明"一词,意指人所具有的文明品德。

在现代汉语中,文明是指一种社会进步状态,有开化、文化、教化的含义。美国学者摩尔根在《古代社会》一书中,将人类社会历史分为蒙昧社会、野蛮社会和文明社会,其中文明社会又分为古代文明社会和现代文明社会两大类。

马克思认为必须将文明同人类的物质生产和精神生产联系起来,将文明看成反映物质生产成果和精神生产成果的总和,是人类社会开化状态和进步状态的范畴。马克思、恩格斯将文明视为社会的素质,将文明扩大为人类认识和改造世界中一切物质和精神活动的总和。与此同时,马克思批判了资本主义文明的虚伪性,指出:"文明的一切进步,或者换句话说,社会生产力的一切增长,也可以说劳动本身的生产力的一切增长……都不会使工人致富,而只会使资本致富。"[4]

---

① (周)姬昌:《周易》,杨天才、张善文译注,中华书局 2011 年版,第 19 页。
② 王世舜、王翠叶译注:《尚书》,中华书局 2012 年版,第 25 页。
③ (周)姬昌:《周易》,杨天才、张善文译注,中华书局 2011 年版,第 142 页。
④ 《马克思恩格斯全集》第三十卷,人民出版社 1995 年版,第 267 页。

马克思在对资本主义文明观的深刻批判中，阐述了共产主义文明观。马克思、恩格斯分别在《哥达纲领批判》和《反杜林论》中对共产主义文明观进行了具体描绘：国家对人的统治将由对物的管理和对生产过程的领导所取代，人类第一次成为自然界的自觉的和真正的主人，每个人都拥有全面发展体能和智能的机会，社会发展将由社会成员共同生产、共同管理、共同分配、共同享有，共产主义文明将是"能给所有人以幸福的文明"。

文明，拥有多重含义。从国家层面来讲，文明是指国家发展的状态，即国家创造物质财富和精神财富的总和。在《哲学的贫困》中，马克思将生产力及其生产成果视为"文明的果实"，将"文明"的一切进步"等同于""活动本身的生产力的一切增长"。① 从个人层面来讲，文明是指人的教养和开化状态，《礼记·礼乐》中说："是故情深而文明，气盛而化神，和顺积中而英华发外。"②这里的文明是有教养和开化之意。

文明涵盖物质文明、精神文明、政治文明、生态文明在内的各类文明的有机统一，是国家发展进步的灵魂。社会主义核心价值观中的文明，突出强调和集中体现社会主义先进文化发展的前进方向和社会主义精神文明建设的价值追求。精神文明，即人类在改造客观世界和主观世界过程中所取得的精神成果总和，是人类智慧、道德的进步状态。建设社会主义精神文明，一方面，需要大力发展教育、科学、文化、艺术、卫生、体育等各项事业，不断提高教育科学文化建设成效。另一方面，需要不断加强和提高全体社会公民的理想、信念、组织、纪律、世界观的教育，不断提高社会全体公民的思想道德素质。

（四）和谐

和谐，是国家内各类要素之间所具有的一种应然状态，是国家建设在社会领域中的价值追求，是国家经济社会和谐稳定、持续健康发展的重要保证。孔子提出"和为贵"，墨子提出"兼相爱"。《礼记·礼运》中："大道之行也，天下为

---

① 《马克思恩格斯全集》第三十卷，人民出版社1995年版，第267页。
② （清）朱彬：《礼记训纂》，中华书局1996年版，第582页。

公,选贤与能,讲信修睦。"①描述了和谐社会的景象。

关于人与自然和谐思想的记载,《庄子·知北游》中记载:"天地有大美而不言,四时有明法而不议,万物有成理而不说。圣人者,原天地之美,而达万物之理。"②强调在处理人与自然的关系上,应采取尊重自然、顺应自然的理念,遵循自然规律行事,使人与自然之间保持协调。《礼记·中庸》中记载:"致中和,天地位焉,万物育焉。"③意指实现了中和,天地便各归其位,万物便生长繁衍。

关于人与人之间的关系,古人提倡宽和处世,协调人际关系。儒家学派强调在人与人关系的处理上,应遵循"以和为美"的理念,提出仁、义、礼、智、忠、孝、爱、悌、宽、恭、诚、信、敬、节、恕等一系列强化个人道德建设的道德伦理规范,其目的在于通过加强个人道德建设,促进和实现人与人之间的和谐。《老子》中记载:"道生一,一生二,二生三,三生万物。万物负阴而抱阳,冲气以为和。"④意思是说,道是独一无二的,本身包含着阴阳二气,阴阳二气相交,而形成一种适匀的状态,万物就是在这种平衡、和谐的状态中形成的。墨子以实现和谐目标出发,提出了"兼爱""非攻""尚贤"等思想。《论语·子路》中记载:"君子和而不同,小人同而不和。"⑤在这里,孔子区分了"和"与"同"两个概念:"和"是指建立在多样性基础上的统一;"同"意是指一味地附和,追求形式和外在的统一,而忽略事物本身的内在差异。《孟子·公孙丑下》记载:"天时不如地利,地利不如人和。"⑥强调在战争中,最有利的战争局面,既不是占据天时,也不是拥有地利,而是作战方全体将士的团结一心、众志成城。

和谐,在个人身心关系的处理上,主张身心和谐,保持平和,只有个人的身心处于和谐的状态,才能有利于促进和实现人与人、人与社会之间的和谐。《论语·尧曰》中记载:"欲而不贪。"⑦即实现个人的身心和谐,必须节制贪欲,保持

① （清）朱彬:《礼记训纂》,中华书局1996年版,第331页。
② 方勇、刘涛:《庄子译注》,上海古籍出版社2019年版,第361页。
③ （清）朱彬:《礼记训纂》,中华书局1996年版,第772页。
④ 陆永品:《老子通解》,中央编译出版社2015年版,第100页。
⑤ 孙钦善:《论语新注》,中华书局2018年版,第302页。
⑥ （清）焦循:《孟子正义》(上),中华书局2018年版,第271页。
⑦ 孙钦善:《论语新注》,中华书局2018年版,第454页。

自律。《论语·季氏》中记载:"君子有三戒:少之时,血气未定,戒之在色;及其壮也,血气方刚,戒之在斗;及其老也,血气已衰,戒之在得。"①强调一个人在成长的各个不同阶段,面对破坏身心和谐的各类因素,要始终保持一种警惕意识,掌握适中原则,保持谦逊心态,正确处理各种外部利益诱惑,身心始终处于和谐的状态和水平。《老子》中记载:"挫其锐,解其纷,和其光,同其尘。"②这就是说,一个人拥有了和谐的人格,就能消除自我的固弊,化除一切封闭隔阂,超越世俗狭隘的人伦关系局限,以豁达的心胸去看待一切事物。

在国与国的关系处理上,古人主张协和万邦,和睦共处。《论语·颜渊》中记载:"四海之内皆兄弟也。"③《孟子·梁惠王上》中记载:"仁者无敌。"④《孟子·公孙丑上》记载:"以德服人。"⑤这就是说,在处理国与国之间的关系上,需要以本国秉持协和万邦的外交理念,不断提升自身道德水平,以实现国与国之间平等相待、和睦相处的根本目的。

在中华传统文化中,关于人与社会的和谐思想,主要体现在三个方面:政治和谐、经济和谐、文化和谐。关于政治和谐思想,古代思想家主张"以德治国""以仁施政""以民为本",妥善处理官民关系,努力实现君民和谐。关于经济和谐思想,孟子强调:"有恒产者有恒心,无恒产者无恒心。"⑥这就是说,必须让百姓有稳定的收入,社会才会变得和谐。儒家学派思想尤其反对"富者地连阡陌,贫者无立锥之地"的两极分化现象,并认为这是导致社会动荡的主要原因。关于文化和谐思想,从先秦诸子百家始,经两汉经学、魏晋玄学、隋唐佛学、宋明理学至清代朴学,以儒家文化为基础,各种学派相互激荡,成就博大精深的中国传统文化,构建了"以儒治国、以道养身、和而不同"的精神世界。

社会主义核心价值观中的和谐,体现为国家治理的一种应然状态,是国家治理的重要价值目标。中国共产党第十六届中央委员会第四次全体会议正式

① 孙钦善:《论语新注》,中华书局 2018 年版,第 378 页。
② 陆永品:《老子通解》,中央编译出版社 2015 年版,第 9 页。
③ 孙钦善:《论语新注》,中华书局 2018 年版,第 270 页。
④ (清)焦循:《孟子正义》(上),中华书局 2018 年版,第 73 页。
⑤ (清)焦循:《孟子正义》(上),中华书局 2018 年版,第 240 页。
⑥ (清)焦循:《孟子正义》(上),中华书局 2018 年版,第 359 页。

提出了"构建社会主义和谐社会的理念",构建社会主义和谐社会,需要调动一切积极因素增强全社会的创造力,协调各方利益关系维护社会公平,营造良好社会环境促进人际和谐,加强民主法治建设维护社会稳定,正确处理人与自然之间的关系保证可持续发展,坚持互利合作、开放包容理念,促进世界和谐。总之,围绕实现和谐价值目标的国家治理,需要促进各类资源兼容共生,优化社会结构,规范社会行为,使国家治理中各类要素配置适当,国家治理中的各种关系有机协调,使国家整体运行保持自然流畅的合理状态。

(五)自由

自由,科学揭示了社会主义核心价值观的本质规定和最高理想。古代文献中最早关于自由一词的记载,是在汉代郑玄《周礼注》之中。郑玄《周礼注》记载:"去止不敢自由。"[1]这里自由一词的含义,是自己决定去或留。《三国志·吴书·朱桓传》中记载:"桓性护前,耻为人下,每临敌交战,节度不得自由。"[2]意思是说,朱桓性格喜爱护短,耻于落在人后,每次临阵对敌交战,受到节制约束不得自由时,他就发怒激愤。这里的自由,有个人行为不受约束,行为自由之意。《玉台新咏·古诗为焦仲妻作》:"吾意久怀忿,汝岂得自由。"[3]这里"自由"一词的含义是指根据个人意向行动,不受限制。

"自由"作为政治概念引入中国,始于晚清时期。1900 年,《万国公报》连续刊载斯宾塞尔的《自由篇》;1903 年,严复翻译出版约翰·穆勒的 *On Liberty*,定名《群己权界论》,后更名为《论自由》。西方"自由"一词的含义,是对封建制度的超越,意指自愿、不受强制的行动,个人出于自愿选择而做出的行为。

西方哲学家卢梭从自然自由、社会自由到道德自由,锤炼形成了"积极自由"的思想。康德从先验自由、实践自由、审美自由三个层次论述了自由概念谱系,他认为自由是不可知的,强调主观自由。黑格尔发展了康德的自由思想,认为个人自由是绝对精神活动的结果,属于主观自由理论。

---

① （清）朱彬:《礼记训纂》,中华书局 1996 年版,第 529 页。
② （晋）陈寿:《三国志》,中华书局 1999 年版,第 971 页。
③ （陈）徐陵:《玉台新咏笺注》,吴兆宜校注,吉林人民出版社 2005 年版,第 44 页。

自由是马克思主义最为重要的价值观。马克思对人的自由问题做了历史的、经济的和社会的考察和研究。首先,马克思认为人的自由源自人的劳动实践,没有人的劳动实践改造自然、改造社会和人自身,就不会有什么自由。马克思认为:"人不是由于有逃避某种事物的消极力量,而是由于有表现本身的真正个性的积极力量才得到自由。"①其次,马克思认为自由并非先天就有、自然存在的,而是历史的产物,自由也并非一成不变,而是随着历史的发展而发展,随着历史条件的变化而变化的。这种历史条件,根本体现为物质资料的生产方式变化。最后,马克思认为自由是相对的、是有限度的。马克思指出:"人们自己创造自己的历史,但是他们并不是随心所欲地创造,并不是在他们自己选定的条件下创造,而是在直接碰到的、既定的、从过去承继下来的条件下创造。"②

马克思的自由观,还体现在人与自然的和谐发展、人与社会的和谐发展、人与自身的和谐发展三个方面。马克思批判了资本主义制度下的劳动异化、自由异化,阐明了实现人类解放的条件是必须消灭私有制和建立在私有制基础上的剥削关系,而这又必须建立在生产力高度发达的基础上,只有当社会生产力发展到一定高度的时候,物质财富实现了极大丰富,人类社会才具备了向更高社会形态过渡的条件。马克思认为,建立在生产力高度发达、物质财富极大丰富基础上的人类社会形态发展趋势,是共产主义社会形态,并认为只有人类社会进入共产主义社会,才能真正实现人的自由而全面发展,在共产主义社会中,人类摆脱了任何形式的剥削、压迫和束缚,每个人的自由发展,都为其他人的自由发展创造条件。

自由是人类文明发展的共同成果,是人类价值认识中的共同元素,是人类共同的价值追求。将自由作为社会主义核心价值观社会层面的价值目标,体现了社会主义核心价值观积极承接人类文明发展这一共同成果和人类社会的这一共同价值追求,体现了理想与现实之间的高度统一。社会主义核心价值观中的自由,既体现了共产主义远大信仰的追求,又反映出当代中国特色社会主义实际,是全面、完整、真实的人类自由,是引领人类社会发展进步的旗帜。

---

① 《马克思恩格斯全集》第二卷,人民出版社 1982 年版,第 167 页。
② 《马克思恩格斯选集》第一卷,人民出版社 1995 年版,第 585 页。

（六）平等

平等是指人们平等享有社会权益，平等履行社会义务，追求经济、政治、文化、社会、生态权利的平等享有。中国古代儒家学派非常重视平等观念，《论语·季氏》中记载："不患寡而患不均，不患贫而患不安。盖均无贫，和无寡，安无倾。"①这里的平等，指资源和财富分配上的公平，这本身也体现和反映了人与人之间的平等。《孟子·告子下》中记载："人皆可以为尧舜。"②《孟子·离娄下》记载："爱人者，人恒爱之；敬人者，人恒敬之。"③这些都体现了儒家学派的平等思想。

相比于儒家学派的平等思想，墨家学派的平等思想更加彻底。墨子认为，要想从根本上革除现实社会中存在的"强必执弱，众必劫寡，富必侮贫，贵必敖贱，诈必欺愚"的不平等现象，必须要做到"天下兼相爱"。墨子的兼相爱思想，是一种不分等级、民族、地区、性别、强弱、贫富、贵贱、上下的朴素平等观。

中国道家学派提出"小国寡民"的思想，即希望人们能生活在一个朴素安宁、不受干扰的清净社会。中国法家学派提出"刑无等级"的制度，呼吁人们生活在一个刑罚统一、法度严明的秩序社会。唐代著名史学家吴兢分析总结大量兴亡之道后指出："理国要道，在于公平正直。"④这就是说，对于一国治理而言，最重要的莫过于"公平"二字。

社会主义制度摆脱了资本主义制度下因剥削、压迫所造成的不平等制度根源，实现了全体人民共同占有生产资料，共享改革发展成果这一实质上的平等。社会主义核心价值观中的平等，既不是指"不患寡而患不均"的绝对平均主义，也不是西方国家所倡导的平等观，而是有利于调动广大人民群众积极性，推动中国特色社会主义事业发展，给全体人民带来更多机会、更多福祉的平等价值观。

平等这一价值目标，具体体现为人民拥有平等享受经济社会发展各项成果

---

① 孙钦善：《论语新注》，中华书局 2018 年版，第 368 页。
② （清）焦循：《孟子正义》（下），中华书局 2018 年版，第 871 页。
③ （清）焦循：《孟子正义》（上），中华书局 2018 年版，第 641 页。
④ （唐）吴兢：《贞观政要集校》，谢保成译注，中华书局 2003 年版，第 283 页。

的权利,享受公平发展的机会,享有平等参与国家政治生活的权利。平等价值目标的实现,需要建立在较为发达的物质基础之上,需要消灭剥削、消除两极分化,真正实现人民的发展平等、权利平等、机会平等。我国当前在经济社会发展中仍然存在发展不平衡、不充分问题,不平衡、不充分的发展本身体现为发展条件和结果上的不平等。解决发展的不平衡、不充分问题,需要在发展中坚决贯彻创新、协调、绿色、开放、共享新发展理念,更加注重发展的全面性、协调性、可持续性,立足新发展阶段,构建新发展格局,着力构建现代产业体系,推动经济社会实现高质量发展。

(七)公正

公正是人类社会进步的重要标准,是人类社会秩序的价值规范。中国古代有大量关于公正思想的记载,古人关于公正在国家治理中的重要性认识,体现在以下相关记载中。《六韬》中记载:"天下非一人之天下,乃天下之天下也。同天下之利者,则得天下;擅天下之利者,则失天下。天有时,地有财,能与人共之者,仁也。仁之所在,天下归之。免人之死,解人之难,救人之患,济人之急者,德也。德之所在,天下归之。与人同忧、同乐、同好、同恶者,义也;义之所在,天下赴之。凡人恶死而乐生,好德而归利,能生利者,道也。道之所在,天下归之。"①这就是说,治国之要,在于公平、正义,只有做到"笃仁、敬老、慈少、礼下贤者",才能赢得民心,实现国泰民安。

《荀子·正论》中记载:"上公正,则下易直矣。"②意思是说,只要为政者能够做到公正,平民百姓自然能够心悦诚服。《诗经·召南·采蘩》中记载:"被之僮僮,夙夜在公。"③这里的公,意指公事、公务,而非私人事务,指为国家公事要不辞辛苦,勤政廉政。《墨子·尚贤》中记载:"有能则举之,无能则下之,举公义,辟私怨。"④公与私相对,实现公正常与无私相关联。《白虎通德论》中记载:"公

① 《鬼谷子·六韬·三略》,张卫国、晓明译注,崇文书局2015年版,第151页。
② (清)王先谦:《荀子集解》(下),中华书局2019年版,第379页。
③ (周)佚名:《诗经译注》,程俊英译注,上海古籍出版社2016年版,第22页。
④ 吴毓江:《墨子校注》,中华书局1993年版,第66页。

者,通也。公正无私之意也。"①这就是说,公平正直的人,是不顾自己私利而无私奉献之人。

商鞅在总结治国经验时说:"公私之分明,则小人不疾贤,而不肖者不妒功。故尧、舜之位天下也,非私天下之利也,为天下位天下也;论贤举能而传焉,非疏父子亲越人也,明于治乱之道也。故三王以义亲天下,五霸以法正诸侯,皆非私天下之利也,为天下治天下。是故擅其名而有其功,天下乐其政,而莫之能伤也。今乱世之君臣,区区然皆擅一国之利而管一官之重,以便其私,此国之所以危也。故公私之交,存亡之本也。"②上古以来的治国成功经验,在于为政者不把天下之利归于一己,而在于为天下而位天下,为天下而治天下,故"公私之交,存亡之本也"。

历史经验告诉我们,国家的强盛之道,在于为人民谋福利,以人民为中心,坚守执政为民的执政理念。《慎子》中记载:"故蓍龟,所以立公识也;权衡,所以立公正也;书契,所以立公信也;度量,所以立公审也;法制礼籍,所以立公义也。"③《管子·任法》中记载:"上以公正论,以法制断,故任天下而不重也。今乱君则不然,有私视也,故有不见也;有私听也,故有不闻也;有私虑也,故有不知也。"④《韩非子·有度》中记载:"能去私曲就公法者,民安而国治;能去私行行公法者,则兵强而敌弱。"⑤这就是说,公正的法律是社会秩序稳定的重要保障。

立党为公、执政为民是中国共产党执政的根本追求。习近平总书记指出,推进改革的根本目的,是要让国家变得更加富强,社会变得更加公平正义,人民生活变得更加美好。党的十八届三中全会也强调指出,全面深化改革,必须以促进社会公平正义、增进人民福祉为出发点和落脚点。把公正作为社会主义核心价值观社会层面的价值准则,是社会主义制度的本质要求。

---

① （清）陈立:《白虎通疏证》,中华书局 1994 年版,第 7 页。
② （秦）商鞅:《商君书》,石磊译注,中华书局 2009 年版,第 108 页。
③ 许富宏:《慎子集校集注》,中华书局 2013 年版,第 18 页。
④ 黎翔凤:《管子校注》（中）,中华书局 2019 年版,第 1008 页。
⑤ （清）王先慎:《韩非子集解》,中华书局 2015 年版,第 35 页。

（八）法治

法治即依法治理，其实质是在依法治国基本方略下，不断推进科学立法、严格执法、公正司法、全民守法的进程。中国古代有诸多有关法治思想的记载。《管子·七臣七主》中记载："法者，所以兴功惧暴也；律者，所以定分止争也；令者，所以令人知事也。"①强调法在"兴功惧暴""定分止争"中的作用。《韩非子·有度》中记载："一民之轨，莫如法。"意思是说，统一百姓行为最好的办法是使其遵守法律。《韩非子·有度》中还记载："国无常强，无常弱。奉法者强，则国强；奉法者弱，则国弱。"②强调法治对于一国强盛而言，发挥着至关重要的作用。《艺文类聚》中记载："故治国无其法则乱，守法而不变则衰。"③意指，法治是治国兴邦的重要手段，而坚持运用法治手段治理国家，必须要根据国家治理的实际，在立法、执法等各个环节不断进行改革创新，以实现法律体系日益完善，法律实施效果不断彰显，法律权威不断增强的目的。《上殿札子》中记载："法令既行，纪律自正，则无不治之国，无不化之民。"④这就是说，法律是国家治理的基石，是治乱兴邦的重要手段。

法律制定好之后，还需要公正执法，使法律真正在国家治理中发挥作用。《韩非子·诡使》中说："夫立法令者，以废私也，法令行而私道废矣。"⑤《吕氏春秋·察今》中记载："治国无法则乱，守法而弗变则悖，悖乱不可以持国。"⑥《潜夫论·述赦》中说："国无常治，又无常乱，法令行则国治，法令弛则国乱。"⑦意思是说，法律的价值贵在执行，只有在国家治理中有效发挥法律的作用，才能实现国家的长治久安。《三国演义》中记载："治国者，必以奉法为重。"⑧梁启超说："立

---

① 黎翔凤：《管子校注》（中），中华书局2019年版，第1104页。
② （清）王先慎：《韩非子集解》，中华书局2015年版，第41页。
③ （唐）欧阳询：《艺文类聚》，汪绍楹校，上海古籍出版社1982年版，第968页。
④ （清）纪昀等：《包孝肃公奏议·上殿札子》，《四库全书》，线装书局2007年版，第427页。
⑤ （清）王先慎：《韩非子集解》，中华书局2015年版，第451页。
⑥ （战国）吕不韦：《吕氏春秋》，陆玖译注，中华书局2011年版，第516页。
⑦ （东汉）王符：《潜夫论》，马世年译注，中华书局2011年版，第27页。
⑧ （明）罗贯中：《三国演义》，中国戏剧出版社1982年版，第789页。

法之业,益为政治上第一关键,觇国家之盛衰强弱者,皆于此焉。"①强调法治是实现一国强盛的关键。《潜夫论·考绩》中记载:"选以法令为本,法令正则选举实,法令诈则选虚伪。"②《韩非子·有度》中记载,"法不阿贵,绳不挠曲","刑过不避大臣,赏善不遗匹夫"。③ 这就是说,运用法律实施国家治理的关键,在于公正执法,维护法律的公平性,做到法律面前人人平等。

法治是治国理政的基本方式,法治作为一种治国理念、治国方略,强调法律的权威性和普遍适用性,将法律作为国家治理和社会治理的最高准则,要求任何人都不能凌驾于法律之上。社会主义核心价值观中所倡导的法治,就是在党的领导下,以保障人民当家作主为根本目的,以依法治国为手段,运用法治维护自由、平等、公正的制度根基。运用法治这一手段实施国家治理,必须坚持科学立法、严格执法、公正司法、全民守法,坚持法治国家、法治政府、法治社会、法治公民建设一体推进。

(九)爱国

爱国是社会主义核心价值观公民层面的基本价值准则,也是中华儿女的朴素价值追求。爱国,就是指热爱祖国,国家的每一位公民必须履行自己对祖国、对社会的责任和义务。自古以来,中华民族就具有光荣的爱国主义传统,爱国主义就是广大人民的精神支柱。《日知录》中记载:"保天下者,匹夫之贱,与有责焉耳矣。"④这就是说国家的好与坏,与我们每一个人都息息相关。

中华民族自古以来就有爱国的传统,涌现出了无数爱国英雄。楚国三闾大夫屈原,因受贵族排挤诽谤而被迫流放。虽遭受如此屈辱,屈原仍然深深眷恋楚国,在得知楚国遭受危难后,投江自尽,以抒发自己的爱国情怀。苏武牧羊,数十年手持汉朝符节,心志不移。南宋将领文天祥,拒绝元军劝降,慷慨就义,留下了"人生自古谁无死,留取丹心照汗青"的千古绝句。南宋抗金英雄岳飞,面对国家危亡,发出了"还我河山"的呐喊,表明了"精忠报国"的决心。爱国主

---

① 梁启超:《饮冰室合集》,中华书局 1989 年版,第 102 页。
② (东汉)王符:《潜夫论》,马世年译注,中华书局 2011 年版,第 100 页。
③ (清)王先慎:《韩非子集解》,中华书局 2015 年版,第 41 页。
④ (清)顾炎武:《日知录集释》,中华书局 2020 年版,第 247 页。

义诗人陆游,在病危之际仍惦念着"王师北定中原日"。

近代以来,无数仁人志士为了实现民族独立和人民解放,流血牺牲,付出了宝贵的生命。民族英雄林则徐,在国家危亡之际,表达了"苟利国家生死以,岂因祸福避趋之"的爱国情怀。虎门销烟的爱国壮举,向全世界表明了中国人民维护民族尊严,反抗外来侵略者的坚定决心和爱国精神。广州三元里人民自发组织的抗英斗争,显示了中国人民反帝爱国的坚定决心。以康有为、梁启超、谭嗣同等为代表的资产阶级改良派,高举救亡图存旗帜,要求变法维新,使中国走上富强道路。孙中山领导的辛亥革命,推翻了清王朝的统治,实现了"驱逐鞑虏,恢复中华"的梦想。

中华人民共和国成立后,无数海外学子回国报效祖国,为新中国建设做出了不可磨灭的贡献。王淦昌、邓稼先、钱学森、程开甲、赵九章、周光召、钱三强等一大批科学家,为新中国的"两弹一星"事业,为新中国的科研事业,做出了历史性的贡献。

改革开放以来,在开创中国特色社会主义新事业的伟大征程中,在爱国主义旗帜的感召和引领下,无数的中华儿女想在一起,干在一起,为夺取中国特色社会主义事业的伟大胜利做出了重大贡献。习近平总书记指出:"当代中国,爱国主义的本质就是坚持爱国和爱党、爱社会主义高度统一。"①新时期爱国主义,既继承了历史上爱国主义优良传统,又吸纳了鲜活的时代精神,表现为坚持中国特色社会主义道路,维护祖国统一,矢志不渝为建成社会主义现代化强国和实现中华民族伟大复兴而奋斗。爱国,始终是中华儿女心系祖国的纽带和基石。爱国主义精神,是激励全体人民报效祖国、奉献祖国的精神旗帜,是团结全体中华儿女万众一心,实现建成社会主义现代化强国和实现中华民族伟大复兴的根本精神动力。

爱国这一价值观念要求人们以振兴中华为己任,矢志不渝地为祖国和人民奋斗,始终以国家利益、民族利益、人民利益为重,维护国家的主权和尊严,与一切危害祖国利益、人民利益的事情坚决斗争,以每一位中华儿女的责任捍卫祖国的荣誉。爱国,要求每一位中华儿女在祖国需要之时,挺身而出,时刻准备为

---

① 习近平:《在纪念五四运动 100 周年大会上的讲话》,人民出版社 2019 年版,第 7 页。

祖国贡献自己的力量,甚至不惜付出生命的代价。爱国,是每一位中国公民对祖国深沉的爱,是无论祖国处在顺境或逆境之中,都不离不弃、执着坚守、始终如一的道德品质。

(十)敬业

敬业,是公民职业行为准则的价值评价,体现的是个体对其工作、职业的态度。具体包括对职业价值的高度认同,干一行爱一行的职业情感,忠于职守的职业态度,勤业敬业的业务素质。中华优秀传统文化将敬业视为一个人的重要道德修养。"敬",是一种非常重要的道德规范。《说文解字》中记载:"敬,肃也。"①意指认真严肃。《礼记·学记》中记载:"一年视离经辨志,三年视敬业乐群。"②这里的敬业,指的是专心学习。《论语》中记载:"执事敬。"③这就是说只有先坚守敬业态度,才能把所做的事情做好。《韩非子·喻老》中记载:"天下之大事必作于细。"④《尚书·周官》中记载:"功崇惟志,业广惟勤。"⑤意思是说,取得伟大的功业,是由于有伟大的志向;完成伟大的功业,在于辛勤不懈地工作。《左传·宣公十二年》中记载:"民生在勤,勤则不匮。"⑥意思是说,生活在于勤劳,勤劳就不会出现物资匮乏的情况。因此,忠于职守、尽心竭力地投入工作,是对敬业精神的最好诠释。

爱岗是敬业的基础,朱熹曾说:"爱而不敬,非真爱也;敬而不爱,非真敬也。"⑦意思是说,只有热爱自己所从事的工作,才能始终保持强烈的责任心。

尽责是敬业的必然要求,孔子提出"敬事而信""执事敬"等主张,要求人们勤劳敏捷、尽职尽责。

---

① (汉)许慎:《说文解字》,社会科学文献出版社 1963 年版,第 496 页。
② (清)朱彬:《礼记训纂》,中华书局 1996 年版,第 547 页。
③ 孙钦善:《论语新注》,中华书局 2018 年版,第 299 页。
④ (清)王先慎:《韩非子集解》,中华书局 2015 年版,第 171 页。
⑤ 王世舜、王翠叶译注:《尚书》,中华书局 2012 年版,第 471 页。
⑥ (春秋)左丘明:《左传》,郭丹、程小青、李彬源等译注,中华书局 2014 年版,第 378 页。
⑦ (宋)黄士毅:《朱子语类汇校》,徐时仪、杨艳汇校,上海古籍出版社 2018 年版,第 567 页。

专注是敬业的核心素养。朱熹曾说:"敬业者,专心致志,以事其业也。"①北宋政治家王安石说:"人之才,成于专而毁于杂。"②意思是说,只有专注于自己所从事的事业,勤业敬业,才能取得成功。

钻研是敬业的鲜明特征。唐代文学家韩愈说:"业精于勤,荒于嬉。"③意思是说,只有专心致志,勤奋刻苦于自己的事业,才能取得事业的成就,以一种游戏心态对待自己所从事的事业,事业也必将荒废。

奉献是敬业的崇高境界。《论语·颜渊》中记载:"居之无倦,行之以忠。"④意思是说,居于官位不懈怠,执行命令要忠实,这是对敬业的最好诠释。《忠经》中记载:"忠者,中也,至公无私。"⑤意思是说,忠心之人,追求公平正义,没有任何私心。这都体现了忠诚之人,对自己职业尽职尽责、甘于奉献的道德品质,也是事业取得成功的根本保证。

社会主义核心价值观中的敬业,是指公民对待自己职业的一种态度。敬业,要求每一位公民都要热爱自己的工作岗位,敬重自己的职业,专注自己的职业,钻研自己的职业,奉献于自己的职业,要在自己的工作岗位上恪守"敬业者荣,怠业者耻"的美德,勤勉努力、尽职尽责。

(十一)诚信

诚信是中华民族的传统美德,是社会主义核心价值观的重要内容。《管子·枢言》中记载:"先王贵诚信。诚信者,天下之结也。"⑥意指诚信是天下伦理秩序的基础。孔子曾言:"人而无信,不知其可也。"⑦这就是说,一个不讲信用的人不知如何立足于世。诚于中,信于外,内诚于心,方能外信于人。孟子也曾

---

① (宋)朱熹:《朱子全书》,上海古籍出版社2002年版,第537页。
② (宋)王安石:《王安石集》,中国戏剧出版社2002年版,第196页。
③ (唐)韩愈:《韩愈文集》,钱伯城译注,中国国际广播出版社2011年版,第89页。
④ 孙钦善:《论语新注》,中华书局2018年版,第278页。
⑤ (春秋)孔子:《大学·中庸·孝经·忠经》,颜培金、王谦、卢付林译注,崇文书局2015年版,第238页。
⑥ 黎翔凤:《管子校注》(上),中华书局2019年版,第273页。
⑦ 孙钦善:《论语新注》,中华书局2018年版,第34页。

言："父子有亲,君臣有义,夫妇有别,长幼有序,朋友有信。"①中国古代的"信"与孟子的"恻隐之心""羞恶之心""辞让之心""是非之心"有密切关系,无此四心者则是令人不齿的。《荀子·不苟》中记载:"君子养心莫善于诚。"②意思是说,君子陶冶思想性情,提高道德修养,没有什么比诚心诚意更重要了。《中庸》中记载:"诚者,天之道;诚之者,人之道。"③《中庸》中还记载:"唯天下至诚,方能经纶天下之大经,立天下之大本。"④这就是说,诚信是做人、做事的根本。所以,"诚""信"是中华古圣先贤观天道而为人确立的根本法则,朴素、直观而人文化成。

古代汉语中,诚与信二者意义相通,可以互相解释。《说文解字》中说:"诚,信也。""信,诚也。"⑤将诚、信二字进一步区分来看:诚,是对个体思想品德、内在修养的要求,即"内诚于心";信,指人在社会交往中的信用、信誉,体现人在社会交往中恪守的承诺。"诚"和"信"二者之间存在辩证统一的关系,"诚"是内因,"信"是外因,二者相互依存、相互作用,当"诚"发展到一定程度,"信"就成为全体社会成员的道德操守。

中国古代社会的家规家训中,都将诚信教育作为一项重要内容。《论语·卫灵公》中记载:"言忠信,行笃敬。"⑥旨在说明言而有信、言出必行的重要性。《程氏家训》中亦记载:"进学不诚则学杂,处事不诚则事败,自谋不诚则欺心而弃己,与人不诚则丧德而增怨。"⑦意思是说,诚信是君子修身立德的重要途径,是为人处世的重要原则。《双节堂庸训》中记载:"以身涉世,莫要于信。此事非可袭取,一事失信,便无事不使人疑。"⑧意思是说,人生在世,一事失信,事事受疑,所以为人处世必须以诚信为本。

诚信是公民道德的基石,既是做人做事的道德底线,也是社会秩序正常运行的基本规范。社会主义核心价值观中所倡导的诚信,就是要以诚待人、以信

---

① （清）焦循:《孟子正义》(上),中华书局 2018 年版,第 413 页。

② （清）王先谦:《荀子集解》(上),中华书局 2019 年版,第 53 页。

③ 徐春光:《四书五经》,远方出版社 2003 年版,第 23 页。

④ 徐春光:《四书五经》,远方出版社 2003 年版,第 30 页。

⑤ （汉）许慎:《说文解字》,社会科学文献出版社 1963 年版,第 123 页。

⑥ 孙钦善:《论语新注》,中华书局 2018 年版,第 348 页。

⑦ （宋）程颢、程颐:《二程集》,中华书局 2006 年版,第 298 页。

⑧ （清）汪祖辉:《双节堂庸训》(先家善主编),天津古籍出版社 2016 年版,第 134 页。

取人、言行合一,说老实话、办老实事、做老实人,以个人的言行遵守信诺,构建言行一致、诚信有序的社会。要在全社会营造"守信光荣,失信可耻"的道德风尚,增强全社会的凝聚力和向心力。

(十二)友善

友善,是中华民族优秀传统美德。在古代汉语中,友和善是单独使用的。友,其本义是指朋友。善,在古代是吉祥的象征。《聪训斋语》中记载:"与人相交,一言一行皆须有益于人,便是善。"①这就是说,善意味着要与人为善,帮助和关爱他人。孔子曾言:"见善如不及,见不善如探汤。"②善是发自内心的一种道德追求,看见善就赶紧去学习、去实践,看见不善就赶紧避开。在道家思想文化中,老子倡导上善若水的人生道德智慧,是友善价值观在更高维度上的印证。老子曾言:"上善若水,水善利万物而不争,处众人之所恶,故几于道。居善地,心善渊,与善仁,言善信,政善治,事善能,动善时。夫唯不争,故无尤。"③这就是说,品德高尚的人,善利万物而不争,意指善是利人利己的一种美德,也是古人倡导的一种人生智慧。

友善,是基于中华民族的生存环境与生存伦理而生长出的一种道德规范,是维系良好人际关系和社会关系的基本道德规范。友善要求每一位公民善待亲友、他人、社会、自然,构建和谐人际关系,维护良好社会秩序。

社会主义核心价值观中的友善价值准则,强调公民之间应该互相尊重、互相关心、互相帮助、和睦友好,积极构建新型社会主义人际关系。培育和弘扬友善价值观,应当重视和引导人们正确处理个人与社会、竞争与合作、贡献与索取、先富与共富等关系,倡导尊重、包容、负责的友善观,提倡健康、文明、理性、法治的生活方式,反对个人主义、拜金主义、享乐主义等错误价值观。培育和弘扬友善价值观,还能够有效化解社会生活张力,调节社会心态,创建良好社会环境,推动和谐家庭关系、和谐社会关系、和谐生态关系的实现。

---

① (清)张英、张廷玉:《父子宰相家训》,新星出版社 2015 年版,第 98 页。
② 孙钦善:《论语新注》,中华书局 2018 年版,第 380 页。
③ 陆永品:《老子通解》,中央编译出版社 2015 年版,第 17 页。

三、核心价值体系与核心价值观

(一)二者关系研究成果梳理与总结

社会主义核心价值体系与社会主义核心价值观二者之间,既相互区别,又紧密联系。2013 年中共中央办公厅印发《关于培育和践行社会主义核心价值观的意见》,指出:"社会主义核心价值观是社会主义核心价值体系的内核,体现社会主义核心价值体系的根本性质和基本特征,反映社会主义核心价值体系的丰富内涵和实践要求,是社会主义核心价值体系的高度凝练和集中表达。"①

国内学者围绕社会主义核心价值体系与社会主义核心价值观二者关系进行了研究,具有代表性的观点主要有以下几种。

1. 内核说

持内核说观点的学者,认为社会主义核心价值观是社会主义核心价值体系的内核与灵魂。国内学者吴潜涛提出:"社会主义核心价值观即中国特色社会主义核心价值观,是社会主义核心价值体系最深层的精神内核,是对社会主义核心价值体系基本内容的简洁凝练,是从追求目标层面、社会制度层面和个人行为层面,对社会主义核心价值体系的基本价值尺度、基本价值理念的概括。"②内核说强调了社会主义核心价值体系与社会主义核心价值观二者的一致性,阐明了社会主义核心价值观是对社会主义核心价值体系中价值要素的高度凝练和集中表达。内核说的不足在于,仅阐明了社会主义核心价值观体系与社会主义核心价值观二者之间的一致性,没有厘清二者之间的区别。

2. 一致说

持一致说观点的学者,认为社会主义核心价值体系与社会主义核心价值观二者在本质上是同质的。王学俭、郭绍均认为,两者都是社会主义本质的价值

---

① 《关于培育和践行社会主义核心价值观的意见》,人民出版社 2013 年版,第 3 页。
② 吴潜涛:《培育和践行社会主义核心价值观重要意义的几点思考》,《思想教育研究》2015 年第 2 期。

表达:"同社会主义核心价值体系一样,社会主义核心价值观体现了社会主义意识形态的本质,凝结了社会主义先进文化的精髓,凸显了社会主义制度在思想和精神层面的质的规定性,构成了中国特色社会主义的价值表达。培育和践行社会主义核心价值观是加强社会主义核心价值体系建设的重要举措。"①一致说明确了社会主义核心价值体系与社会主义核心价值观在价值取向、价值追求上具有本质上的一致性,在国家治理和社会治理中具有相同的功能和属性,都是国家治理的重要价值资源。一致说的不足在于,没有从二者的内涵上对其加以细分。

3. 一致且区别说

持一致且区别说的学者,认为社会主义核心价值体系与社会主义核心价值观是两个既有联系又相互区别的概念。国内学者韩振峰认为:"社会主义核心价值观与社会主义核心价值体系在本质上是一致的、统一的,它们都体现了社会主义的核心价值追求,是建设中国特色社会主义不可或缺的重要价值遵循。"②但是,从狭义上看,二者的侧重点不同,存在切入点、目标和内容上的差异,因此又相互区别。韩振峰认为:"社会主义核心价值体系指的是社会主义意识形态中那些反映社会主义经济、政治和文化制度要求、体现社会主义发展趋势的核心思想意识、价值观念的总和,而社会主义核心价值观是对社会主义核心价值体系核心内容和精神实质的高度凝练及抽象概括。社会主义核心价值体系的内容比较系统全面,具有理论化、系统化的特点,而社会主义核心价值观的内容则比较抽象概括,具有高度凝练性、简洁性的特点。"③

4. 抽象说

持这种观点的学者,认为社会主义核心价值体系就是社会主义核心价值观念体系,这种观念体系表明社会主义制度下人们价值追求的主观愿望,是社会

① 王学俭、郭绍均:《关于社会主义核心价值观的几个重点问题:学习理解习近平总书记关于社会主义核心价值观的系列讲话》,《社会主义核心价值观研究》2016 年第 1 期。

② 韩振峰:《社会主义核心价值观的基本内涵与重大意义》,《思想政治工作研究》2012 年第 12 期。

③ 韩振峰:《社会主义核心价值观的基本内涵与重大意义》,《思想政治工作研究》2012 年第 12 期。

主义制度下人们价值追求的应然表现。社会主义核心价值观侧重于从实践层面，对社会主义制度下的价值进行抽象和概括，表现为人们价值追求的实然性，是全体人民理想、信念、追求的现实表达。

5.包含说

持包含说的学者，认为社会主义核心价值体系与社会主义核心价值观，在所涉及的内容和范围上存在大小上的区别，社会主义核心价值体系的范围比社会主义核心价值观的范围更大、更多、更广。左亚文等国内学者认为："一个社会的核心价值体系和核心价值观之间基本上是一种包含关系，前者包蕴后者，后者寓于前者之中。前者是基础、载体，后者是内核、精髓。前者丰富、繁复，后者简易、精练。"①

（二）二者关系的联系和区别

通过对国内学者围绕社会主义核心价值体系与社会主义核心价值观二者之间关系研究成果的梳理，社会主义核心价值体系与社会主义核心价值观二者之间的联系和区别主要表现在以下方面。

1.二者之间的联系

社会主义核心价值体系与社会主义核心价值观具有方向上的内在一致性，都是社会主义意识形态的根本反映，都体现了社会主义制度在思想和精神层面质的规定性，都凝结着社会主义先进文化的精髓，都是中国特色社会主义道路、理论、制度的价值表达，都是实现中华民族伟大复兴和国家治理进程中不可或缺的价值资源。

2.二者之间的区别

（1）定位与表述上的区别。

社会主义核心价值体系定位于在坚持和发展中国特色社会主义进程中，牢牢掌握社会主义意识形态的主导权和话语权，强调在中国特色社会主义建设进程中意识形态的精神指引。其目的在于确立社会主义意识形态的价值指导体系，是关于在建设中国特色社会主义进程中应该具备何种精神风貌和精神状

---

① 左亚文：《社会主义核心价值观的凝练和深化》，《江西社会科学》2013年第1期。

态,以及如何规范全体社会成员行为的一系列重大理论与实践问题。社会主义核心价值观用简洁、精练的表述,阐明了建设中国特色社会主义的具体目标,使社会主义核心价值体系更具实践性,通过明确国家、社会、公民三个层面的具体价值目标,为全体公民的实践奋斗方向提供更加鲜明的价值导向。

(2)内容和层次上的区别。

社会主义核心价值体系,包括马克思主义指导思想、中国特色社会主义共同理想、以爱国主义为核心的民族精神和以改革创新为核心的时代精神、社会主义荣辱观四个方面,是一个系统性、总体性的价值体系框架。社会主义核心价值观强调"三个倡导",更加清晰地解释了社会主义核心价值体系的内核。

社会主义核心价值体系的四个方面的层次性体现为:马克思主义指导思想是灵魂,中国特色社会主义共同理想是主题,以爱国主义为核心的民族精神和改革创新为核心的时代精神是精髓,社会主义荣辱观是公民道德规范标准。社会主义核心价值体系把党领导人民建设中国特色社会主义的指导思想、共同理想、精神动力,以及在建设中国特色社会主义进程中全体社会成员所应遵守的价值规范、行为准则,进行了高度概括,回答了党领导人民建设中国特色社会主义所应坚持的指导思想、所应树立的共同理想、所应保持的精神状态、所应具备的道德规范。社会主义核心价值观所倡导的富强、民主、文明、和谐,自由、平等、公正、法治,爱国、敬业、诚信、友善,明确了国家、社会、公民三个层面的价值目标、价值取向、价值准则,是社会主义核心价值体系的核心概括和凝练表达。

(3)目的和作用上的区别。

社会主义核心价值体系提出的目的在于确立社会主义意识形态根本指导地位,明确在建设中国特色社会主义进程中所需要构建的核心价值体系和应具有的性质、方向、动力和行动指南,从微观到宏观、从公民到国家,形成了逻辑严密的价值体系。

社会主义核心价值观提出的目的在于对中国特色社会主义发展目标进行提炼、精简、高度概括,社会主义核心价值观中的"三个倡导",从每个层面都对人们有具体的价值导向,是实实在在的价值要求,规范性和实践性都很强,便于在建设中国特色社会主义实践中遵循和践行。

(4)凝练着眼点上的区别。

社会主义核心价值体系凝练的着眼点在于从价值层面概括社会主义制度的本质,树立建设中国特色社会主义的共同理想,高扬建设中国特色社会主义的精神旗帜,规范人们的价值追求,引领社会主义先进文化的发展方向。社会主义核心价值观凝练的着眼点在于追求更大的包容性,在全体社会成员中间寻求最大公约数、最大同心圆,以及符合大众化、通俗化要求,以利于凝聚全体人民的意志和力量,朝着共同的价值目标迈进。

社会主义核心价值观是在社会主义核心价值体系的基础上,对社会主义核心价值体系起到补充和支撑作用。社会主义核心价值观与社会主义核心价值体系,都是以马克思主义这一共同思想为统摄。社会主义核心价值体系中的中国特色社会主义共同理想,凝练为社会主义核心价值观中"富强、民主、文明、和谐"国家层面的价值表述。社会主义核心价值体系中以爱国主义为核心的民族精神和以改革创新为核心的时代精神,凝练为社会主义核心价值观中"自由、平等、公正、法治"社会层面的价值表述。社会主义核心价值体系中的社会主义荣辱观,凝练为社会主义核心价值观中"爱国、敬业、诚信、友善"公民层面的价值表述。

四、核心价值观的价值功能

核心价值观承载着一个民族、一个国家的精神追求,体现着一个社会评判是非曲直的价值标准。党的十八大以来,习近平总书记在多个场合阐述社会主义核心价值观对国家、民族发展进步的重要性。习近平总书记曾指出:"核心价值观是一个国家的重要稳定器,能否构建具有强大感召力的核心价值观,关系社会和谐稳定,关系国家长治久安。"①加强社会主义核心价值观建设,既是一个理论问题,也是一个实践问题,确立反映全国各族人民共同认同价值观的"最大公约数",使全体人民同心同德、团结奋进,关乎国家前途命运,关乎民族前途命运,关乎人民幸福安康。

---

① 习近平:《论党的宣传思想工作》,中央文献出版社 2020 年版,第 54 页。

(一)多元价值整合的需要

伴随着我国改革开放的不断深入、社会主义市场经济的快速发展,人们思想上的独立性、选择性、差异性、多变性明显增强,反映在人们的意识形态和价值观层面,则呈现为多元化发展趋势。价值多元化发展趋势,是对传统一元价值体系的解构,削弱了传统主流价值的权威性,造成了多元价值观间的碰撞与摩擦,使人们的价值取向、价值选择、价值追求呈现出游离、多变等不确定性特征。

社会价值多元化发展趋势不能代替和否定社会中的主流价值权威,在社会价值体系中,仍然存在体现全体人民意志、反映全体人民意愿的主流价值权威,并通过主流价值权威,发挥价值摩擦中的定分止争、促进和谐的功能。

在价值多元的社会中,在广大人民思想深处培育广泛、一致的价值认同,使广大人民群众对国家和社会未来发展方向有一个准确判断和认知,从而达到统一全体人民意志、汇聚全体人民力量,以达到朝着国家社会发展的共同价值目标而不懈奋斗的根本目的。

一方面,从物质资料生产方式看,社会价值多元化与我国改革开放进程中社会发展差异化、收入分配多样化、利益分配多元化等因素相关,是对我国经济发展客观实际的反映。另一方面,社会价值多元化是对一元价值体系的解构,不同程度地造成人们的价值选择、价值判断的复杂多变,如何在多元价值体系中凝聚一元价值共识,在尊重价值差异基础上,统一全体人民意志,需要正确认识和处理多元价值与一元价值之间的关系。

多元价值,是从微观层面对人们所持不同价值观的反映。一元价值,从宏观层面发挥统一人们思想和意志的功能。正确处理多元价值与一元价值之间的关系,既不能用一元价值否定或代替多元价值,也不能用多元价值否定或代替一元价值。坚持多元价值与一元价值的统一,一方面,要看到社会价值多元化的客观必然性,理性认识多元价值产生的物质基础和表现形态。另一方面,价值观越呈现多元化发展趋势,越需要发挥多元价值体系中的主流价值权威作用,以实现主流价值权威对多元价值的统摄、引领作用。社会主义核心价值观在多元价值体系中居于核心位置,是能够发挥对其他价值观统摄、引领作用的价值观,通过在全体公民中广泛、深入地培育社会主义核心价值观,可以实现在尊重价值差异的基础上凝聚价值共识的根本目的。

社会主义核心价值观,是汲取我国传统优秀文化养分,吸收人类文明有益成果,在国家治理的长期实践中积淀形成的反映全体人民意志,对其他价值观具有统摄、引领和整合作用的价值权威。在价值日益多元化的社会中,在全体公民中广泛、深入地培育社会主义核心价值观,有助于在尊重价值差异的基础上凝聚全体人民的价值共识,使全体人民明晰国家发展目标、未来社会走向,有利于在实现共同价值目标进程中发挥凝聚全体人民意志和力量的作用。

(二)应对西方价值观挑战的需要

伴随着我国改革开放的不断深入,西方价值观通过各种途径向我国渗透,对我国意识形态领域的安全造成了严重威胁。西方价值观,生成于资本主义制度,是对资本主义制度总的看法和根本观点,具有狭隘性、功利性和自私性等特点,虽然其标榜自由、民主,但实质上是资产阶级的自由与民主,是维护资产阶级统治的价值手段。

社会主义制度是优越于资本主义制度的更高层次的社会形态,反映着人类文明进程的新高度。孕育形成于社会主义制度中的社会主义核心价值观,摒弃了西方价值观的狭隘、自私和功利,将国家、社会、公民三者之间的利益有机统一起来,使社会主义核心价值观在与西方价值观的对比和较量中呈现显著优势。

应对西方价值观的冲击和挑战,需要准确认识和把握西方价值观的本质与危害。在全体人民中进行广泛、深入的社会主义核心价值观培育,使全体人民树立起与社会主义方向相一致的价值立场、价值追求,是维护意识形态领域安全,有效应对西方价值观向我国渗透的关键。

(三)推进国家治理体系和治理能力现代化的需要

党的十八届三中全会明确提出,全面深化改革的总目标,是完善和发展中国特色社会主义制度,推进国家治理体系和治理能力的现代化。

社会主义核心价值观为实现国家治理体系现代化提供了价值指引。国家治理体系的改革与完善,需要以实现特定价值目标为指引,以功能齐全、系统完备、运行高效为特征。广义的国家治理体系,包括宏观国家层面的治理体系、中观社会层面的治理体系和微观基层层面的治理体系。社会主义核心价值观为宏观、中观、微观三个层面治理体系的现代化分别提供了价值指引。宏观层面国家治理体系,要以围绕实现富强、民主、文明、和谐价值目标,不断改革与完善,以利于在国家治理实践中推动国家走向富强、民主、文明、和谐;中观层面社会治理体系,要以围绕实现自由、平等、公正、法治价值目标,不断改革与完善,以利于在社会治理实践中构建起自由、平等、公正、法治的社会;微观层面基层治理体系,要围绕实现爱国、敬业、诚信、友善的价值目标,不断改革与完善,以在基层治理实践中不断培育和塑造具有爱国、敬业、诚信、友善价值品质的合格公民。

社会主义核心价值观为实现国家治理能力现代化提供了价值指引。国家治理能力,即国家治理主体借助国家治理体系,开展国家治理实践的本领。实现国家治理能力现代化,关键在于提高国家治理主体自身的思想道德素质和科学文化素质,以保证其能高效运用国家治理体系,开展符合社会主义核心价值观方向和要求的高质量国家治理。

国家治理主体要将社会主义核心价值观的价值追求转化为国家治理的价值实践,就需要将社会主义核心价值观内化于心、外化于行,即在国家治理实践中,将社会主义核心价值观国家、社会层面的价值追求落细、落小、落实在国家治理的实实在在的举措当中,真正使国家治理朝着建成富强、民主、文明、和谐的社会主义国家迈进,朝着建成自由、平等、公正、法治的社会迈进,并在国家治理实践中,不断将爱国、敬业、诚信、友善公民层面的价值观内化为自身的核心素养,以自身的身体力行、率先垂范,推动社会主义核心价值观在提升国家治理实效中发挥更大作用。

(四)构筑中国精神的需要

社会主义核心价值观生成于中国特色社会主义伟大实践,昭示着国家和社会发展的未来,体现并反映全体人民的共同意志、共同追求,在中国特色社会主义事业生动实践中发挥统一人民意志、凝聚人民力量的特有功能。

社会主义核心价值观中的三个倡导,在理论上明确了国家建设、社会建设和公民价值观培育的价值目标,在实践上为建设中国特色社会主义提供了强大精神力量。社会主义核心价值观本身发挥着指引奋斗目标、凝聚意志力量的功能,是建设中国特色社会主义精神力量的重要源泉。在全体公民中加强社会主义核心价值观培育是社会主义精神文明建设的内在要求,社会主义核心价值观在实践中的运用表现为能够为建设中国特色社会主义提供目标指引、精神动力。社会主义核心价值观本身作为一种价值理想和价值目标,需要通过全体人民的不懈奋斗才能实现,从这一意义上来说,社会主义核心价值观提供了全体人民共同为之奋斗的精神力量。

当前,中国特色社会主义进入新时代,中国共产党正带领亿万中国人民朝着建成社会主义现代化强国和实现中华民族伟大复兴的新征程上阔步前进。实现党的第二个百年奋斗目标,任务艰巨、使命光荣,需要不断振奋民族精神,汇聚亿万人民群众的力量,激发亿万人民群众建设中国特色社会主义的热情,构筑激励全体中华儿女团结奋斗的精神家园。

社会主义核心价值观对丰富人民的精神境界、建设人民的精神家园,具有基础性、决定性作用,对每一个中国人的行为导向、价值追求发挥价值引领功效。因此,实现中华民族的伟大复兴,需要不断振奋人民的精气神,增强全民族的精神力量。在全社会积极培育和践行社会主义核心价值观,有利于铸就自立于民族之林的中国精神,为建成社会主义现代化强国,实现中华民族的伟大复兴提供强大精神支撑。

(五)实现中华民族伟大复兴中国梦的需要

实现中华民族伟大复兴是近代以来中华民族最伟大的梦想。习近平总书记在党的二十大报告中庄严宣誓:“从现在起,中国共产党的中心任务就是团结带领全国各族人民全面建成社会主义现代化强国、实现第二个百年奋斗目标,以中国式现代化全面推进中华民族伟大复兴。”①实现中华民族的伟大复兴,是

---

① 习近平:《高举中国特色社会主义伟大旗帜　为全面建设社会主义现代化国家而团结奋斗:在中国共产党第二十次全国代表大会上的报告》,《人民日报》2022 年 10 月 26 日。

党对人民的庄严承诺,是党和国家面向未来的政治宣言。经过改革开放几十年的发展,中国的国力获得了空前提升,站在新的历史起点上,党和全国各族人民更有信心、更有能力实现中华民族伟大复兴的目标。同时,在实现中华民族伟大复兴的新征程上,还会遇到可以预料和难以预料的各种风险挑战,还会有许多"雪山""草地"需要跨越,许多"娄山关""腊子口"需要征服,全党必须准备付出更为艰巨、更为艰苦的努力。正如习近平总书记所指出的:"行百里者半九十。中华民族伟大复兴,绝不是轻轻松松、敲锣打鼓就能实现的。全党必须准备付出更为艰巨、更为艰苦的努力。"①

面对复兴道路上可能出现的各种风险挑战、艰难险阻,如若不能构建起具有强大凝聚力、感召力的核心价值观,将难以把亿万人民群众凝聚在一起,也就难以汇聚起实现中华民族伟大复兴的磅礴之力。社会主义核心价值观中的"三个倡导",既是对国家建设目标、社会建设目标和公民价值建设目标的明确,也是对建成富强、民主、文明、和谐的国家,建成自由、平等、公正、法治的社会,培育爱国、敬业、诚信、友善的公民的一种号召,要求全体人民以社会主义核心价值观"三个倡导"为目标,拼搏奉献、攻坚克难,为实现中华民族伟大复兴而不懈团结奋斗。因此,社会主义核心价值观,是巩固全党全国各族人民团结奋斗的共同思想基础,是凝聚亿万人民群众力量的价值纽带,是实现中华民族伟大复兴的精神源泉。

---

① 习近平:《决胜全面建成小康社会 夺取新时代中国特色社会主义伟大胜利:在中国共产党第十九次全国代表大会上的报告》,《人民日报》2017 年 10 月 28 日。

第四章　中华优秀传统文化的
当代价值与传承路径

第一节　中国现代德治思想的形成及演变

"以德治国"是国家治理的重要方略。中华人民共和国成立后,中国共产党人坚持运用马克思主义德治观指导治国理政实践。在国家治理的实践中,通过对中国传统德治思想的批判继承,将马克思主义德治思想与国家治理实践紧密结合,逐步形成了中国现代德治思想体系。

一、马克思主义的"德治"观

马克思主义"德治"观,强调要运用社会主义和共产主义道德大力提高社会成员的思想政治觉悟,注重运用社会主义和共产主义道德,加强马克思主义执政党的建设,培育社会主义新人。马克思认为,道德是建立在一定社会经济基础之上的,道德也取决于生产运动,"思想"不可能离开"利益",否则一定会使自己难堪。马克思认为,各种理论产物及意识形态应当从经济基础出发,像宗教、哲学、道德等,还要在这个基础上对它们产生的过程进行追溯。

马克思认为,道德具有阶级性和历史性。在阶级社会中,最根本的冲突是阶级冲突。国家作为公权力的体现者,其产生的基础就是阶级之间的对立、矛盾与冲突,正如恩格斯所说:"国家无非是一个阶级镇压另一个阶级的机器。"①由于不同阶级在经济关系中有着不同地位,导致它们的利益要求有所不同,因而道德观念也必然不同,道德始终是有阶级区分的道德。此外,在不同的历史时代,由于经济发展的程度和水平不同,必然存在着不同道德规范,因此必须要用历史的、发展的观点来认识道德。

道德是建立在一定的经济基础之上的,并服务于一定的经济、政治和文化利益,若要成功开展共产主义运动,就要求无产阶级必须破除腐朽没落的传统道德观念,树立起无产阶级新道德观。通过对工人阶级革命实践经验教训进行深刻总结,马克思初步确立了无产阶级的道德规范。马克思认为,与资产阶级利己主义道德观相比,无产阶级道德观是与其截然对立的,对于无产阶级而言,只有把无产阶级的个人命运与集体命运紧密联系在一起,才能使个人力量得到充分发挥,进而实现自己的价值。马克思、恩格斯在《共产党宣言》中指出:"过去的一切运动都是少数人的或者为少数人谋利益的运动。无产阶级的运动是绝大多数人的、为绝大多数人谋利益的独立的运动。"②"共产党人不是同其他工人政党相对立的特殊政党。他们没有任何同整个无产阶级的利益不同的利益。"③正是因为无产阶级具有了这些优良道德品质,他们才拥有了对客观世界和主观世界进行彻底改造的锐利武器。

中国的社会主义制度确立后,工人阶级上升为国家的统治阶级,社会中的主要矛盾也从之前对抗性质的阶级矛盾,转变为人民利益根本一致基础上的非对抗性质的矛盾。1956年,中国共产党第八次全国代表大会提出,我国国内的主要矛盾是人民对于经济文化迅速发展的需要同当前经济文化不能满足人民需要的状况之间的矛盾。1981年党的十一届六中全会指出,社会主义初级阶段的主要矛盾是人民日益增长的物质文化需要同落后的社会生产之间的矛盾。2017年10月18日,习近平总书记在党的十九大报告中指出,中国特色社会主义进入新时代,我国社会主要矛盾已经转化为人民日益增长的美好生活需要和

---

① 《马克思恩格斯文集》第三卷,人民出版社2009年版,第111页。
② 《马克思恩格斯选集》第一卷,人民出版社1995年版,第283页。
③ 《马克思恩格斯选集》第一卷,人民出版社1995年版,第285页。

不平衡不充分的发展之间的矛盾。

从我国实际出发,解决各个历史时期的主要矛盾都需要紧紧依靠全体人民这个主体力量,调动一切可以调动的积极因素,以经济建设为中心,不断解放和发展生产力,不断增加社会财富总量和文化产品产出,不断满足人民日益增长的物质和文化需要。

由于社会主义制度是建立在人民利益根本一致基础之上的,推动生产力的解放和发展,创造满足人民日益增长物质文化需要的各方面条件,需要紧紧依靠全体人民这个主体力量来实现。在全体人民中间培育社会主义、共产主义道德观、价值观,将有助于实现全体人民意志的统一、全体人民力量的汇聚,并在这一条件保证下,实现推动生产力的解放和发展这一根本目的。

二、新民主主义革命时期的道德建设

新民主主义革命时期,面对我国的特殊国情,紧紧围绕实现民族独立和人民解放这一中心任务,中国共产党领导人民开展了推翻压在人民头上三座大山的反帝、反封建、反官僚资本主义的新民主主义革命。在党领导人民开展新民主主义革命伟大实践中,中国共产党人认识到马克思主义职业道德观的普及与工人运动之间存在密切联系,各地共产党组织通过建立工人俱乐部、劳动补习学校等进行马克思主义的宣传,促进工人阶级"新道德"观念的觉醒。与此同时,在广大农村革命根据地,党领导人民在开展土地革命伟大实践中,通过组建各种互助组,培养农民的团结互助精神。毛泽东通过对革命根据地职业道德建设的深入思考,先后写出《纪念白求恩》《整顿党的作风》《为人民服务》等文章,强调广大干部群众要做"一个纯粹的人,一个有道德的人,一个脱离了低级趣味的人,一个有益于人民的人"等。在延安整风运动中,中国共产党通过整顿学风、党风、文风,带动社会风气进步,在全党确立起了实事求是的思想路线,提高了广大干部群众的职业道德素养。

此外,中国共产党领导人民在新民主主义革命的伟大征程中,在艰苦的革命岁月中,孕育形成了坚持真理、坚守理想、不怕牺牲、英勇斗争的红色革命精神,在革命斗争伟大实践中,形成了井冈山精神、延安精神、长征精神、西柏坡精神等。新民主主义革命时期的文化建设,着力繁荣和发展马克思主义指导下的

民族的、科学的、大众的社会主义文化,成为党领导人民取得新民主主义革命胜利的重要文化力量。

概言之,新民主主义革命时期的道德建设,以共产主义信仰建设为核心,以工人阶级职业道德建设为抓手,以爱国主义精神、革命大无畏精神建设为重点,为新民主主义革命胜利提供了根本道德支撑和价值保证。

三、社会主义革命和建设时期我国德治建设成就

中华人民共和国的成立,意味着中国人民从此站起来了,新中国的政治、经济、文化和社会建设进入了一个蓬勃发展的时代,这一时期的政治建设为社会主义道德建设提供了重要政治保证。1949 年,《中国人民政治协商会议共同纲领》提出:"提倡爱祖国、爱人民、爱劳动、爱科学、爱护公共财物为中华人民共和国全体国民的公德。"1954 年,《中央人民政府政务院关于改进和发展中学教育的指示》提出,继续努力培养"爱祖国、爱人民、爱劳动、爱科学、爱护公共财物"的国民公德。

社会主义制度建立起来之后,我国社会的主要矛盾也由原来的阶级矛盾转化为人民对于经济文化迅速发展的需要同当前经济文化不能满足人民需要的状况之间的矛盾。这一时期,国家治理的中心任务是如何团结一切可以团结的力量,调动一切可以调动的积极因素,大规模开展社会主义建设。在改革开放前的社会主义建设时期,通过大力弘扬爱祖国、爱劳动、爱人民等社会主义道德新风尚,广大人民群众逐步树立起明确的社会主义意识,爱国主义、集体主义、为人民服务等共同价值观在越来越多的社会成员中得到崇尚。

在新中国的建设事业中,涌现出了一大批劳动模范和先进工作者,其中有"高炉卫士"孟泰、"铁人"王进喜、"两弹元勋"邓稼先等,这些劳动模范和先进工作者以"全心全意为人民服务"的宗旨来要求自己,为全社会树立了热爱劳动、艰苦奋斗、甘于奉献的社会主义道德新观念。

概言之,这一时期国家德治思想主要表现为全社会大力弘扬艰苦奋斗的作风、全心全意为人民服务的道德观,坚持以德树人、以德建党,着重加强党的思想建设和作风建设。注重从理论与实践相结合的角度,加强公民思想道德建设,培养德、智、体、美、劳全面发展的社会主义事业建设者和接班人。

四、改革开放时期我国德治建设成就

改革开放后,为了加强社会主义精神文明建设,1981 年全国总工会等九家单位联合发出《关于开展文明礼貌活动的倡议》,倡议开展以"讲文明、讲礼貌、讲卫生、讲秩序、讲道德"和"心灵美、语言美、行为美、环境美"为主要内容的文明礼貌活动。

随着我国改革开放不断深入,物质文明建设水平不断提高,我国精神文明建设领域出现了一些不容忽视的问题,主要表现在某些人的理想信念动摇,道德滑坡,人生观、价值观扭曲等方面。为此,邓小平指出:"我们在鼓励帮助每个人勤奋努力的同时,仍然不能不承认各个人在成长过程中所表现出来的才能和品德的差异,并且按照这种差异给以区别对待,尽可能使每个人按不同的条件向社会主义和共产主义的总目标前进。"①

1986 年,党的十二届中央委员会第六次全体会议通过的《中共中央关于社会主义精神文明建设指导方针的决议》提出,社会主义道德建设的基本要求是"爱祖国、爱人民、爱劳动、爱科学、爱社会主义"。

1996 年,党的十四届中央委员会第六次全体会议上通过的《中共中央关于加强社会主义精神文明建设若干重要问题的决议》指出:"鼓励支持一切有利于解放和发展社会主义社会生产力的思想道德,一切有利于国家统一、民族团结、社会进步的思想道德,一切有利于追求真善美、抵制假恶丑、弘扬正气的思想道德,一切有利于履行公民权利与义务、用诚实劳动争取美好生活的思想道德,团结和引导亿万人民积极向上,不断提高全民族的思想道德水平。"②

进入 21 世纪,我国公民道德建设进一步加强。2001 年 9 月,中共中央印发《公民道德建设实施纲要》,明确了公民道德建设的指导方针和主要内容。2006 年 10 月,党的十六届中央委员会第六次全体会议通过的《中共中央关于构建社会主义和谐社会若干重大问题的决定》提出:"倡导爱国、敬业、诚信、友善等道

① 《邓小平文选》第二卷,人民出版社 1994 年版,第 106 页。
② 《中共中央关于加强社会主义精神文明建设若干重要问题的决议》,人民出版社 1996 年版,第 11 页。

德规范,开展社会公德、职业道德、家庭美德教育。"①

此外,针对社会主义职业道德建设,在 1978 年召开的全国科学大会上,邓小平强调,我们向科学技术现代化进军,要有一支浩浩荡荡的工人阶级的又红又专的科学技术大军。"又红又专"成为建设社会主义现代化所需的人才标准,所谓"红",就是要具有以为人民服务为核心的社会主义职业道德。1992 年,江泽民在党的十四大报告中指出,各行各业都要重视职业道德建设,逐步形成适合自身特点的职业道德规范。2006 年,胡锦涛提出,要引导广大群众特别是青少年树立社会主义荣辱观。

在重视和加强社会主义职业道德建设实践进程中,国家通过出台相应制度法规,不断加强社会主义职业道德建设。1991 年,国家教育委员会和全国教育工会颁布《中小学教师职业道德规范》,1993 年司法部颁布《律师职业道德和执业纪律规范》,1996 年审计署颁布《审计机关审计人员职业道德准则》,1997 年交通部颁布《交通行政执法职业道德基本规范》,2001 年最高人民法院颁布《中华人民共和国法官职业道德基本准则》,等等,这些制度规范夯实了社会主义职业道德建设的制度基础。

总的来看,在改革开放时期,随着我国改革开放的不断深入,经济领域中传统的公有制这种单一所有制结构转向以公有制为主体、多种所有制并存的多元所有制结构,经济体制由计划经济体制转向市场经济体制,收入分配制度由单一的按劳分配转向按劳分配与按生产要素分配相结合。在意识形态领域,随着我国经济领域的放开搞活,人们的思想意识发生了深刻变化,加之对外开放的不断扩大,西方意识形态和价值观涌入,不同程度地助长了个人主义、利己主义、拜金主义、享乐主义等错误价值观。

改革开放时期我国德治领域建设的重点,一方面,大力弘扬以爱国主义为核心的民族精神和以改革创新为核心的时代精神,为我国改革开放事业注入精神动力。另一方面,面对改革开放进程中出现的道德危机、信仰危机、价值危机,提倡要大力加强人们的思想道德建设,按照顾全大局、遵纪守法、热爱国家、

---

① 《中共中央关于构建社会主义和谐社会若干重大问题的决定》,《人民日报》2016 年10 月 19 日。

诚实劳动的道德建设要求,加强公民道德建设,培养合格的中国特色社会主义建设者和接班人。

五、新时代我国德治建设成就

党的十八大以来,党领导人民推进中国特色社会主义事业进程中,持续强化德治教化作用,开创了新时代德治工作新局面。党的十八大提出了涵盖国家、社会、个人三个层面的社会主义核心价值观,形成了社会主义道德建设新思想。

新时代公民道德建设以"四观"建设为根基,即正确的历史观、国家观、民族观和文化观。在历史观上,反对历史虚无主义,坚持历史唯物主义,坚持人民是历史创造者的根本观点。在国家观上,坚持总体国家安全观。在民族观上,反对民族分裂,坚持民族平等、民族团结。在文化观上,坚持以马克思主义为指导,传承中华优秀传统文化,大力培育社会主义核心价值观,繁荣中国特色社会主义先进文化。

新时代公民道德建设以"四德"为支柱,即社会公德、职业道德、家庭美德、个人品德。推动践行以文明礼貌、助人为乐、爱护公物、保护环境、遵纪守法为主要内容的社会公德。加强以爱岗敬业、诚实守信、办事公道、热情服务、奉献社会为主要内容的职业道德建设。倡导以尊老爱幼、男女平等、夫妻和睦、勤俭持家、邻里互助为主要内容的家庭美德。加强以爱国奉献、明礼遵规、勤劳善良、宽厚正直、自强自律为内容的个人品德建设。

此外,国家还大力弘扬诚信文化,持续推进国家信用体系建设,不断提升政府信用、企业信用、个人信用水平,加强守信激励、失信惩戒机制建设,在全社会营造诚实守信的氛围。

面对网络信息时代背景下人们思想道德建设的新形势,国家大力推进网络治理行动,有效防范和解决网络暴力问题,加强网络舆情管控,严厉整饬散布虚假信息、恶意炒作等网络不端行为,进一步查处炫富拜金、奢靡享乐、扭曲审美等行为,着力培育积极健康、向上向善的网络文化。充分运用互联网平台、广播、电视等媒体开展道德文化宣传,在全社会营造崇德向善的浓厚氛围。

总之,党的十八大以来,党领导人民运用"德治"手段开展国家治理的实践经验主要有,在全社会广泛、深入地培育和践行社会主义核心价值观,弘扬和传承中华民族传统美德,持续加强社会公德、职业道德、家庭美德、个人品德建设,不断夯实国家治理的道德根基。

第二节 中华优秀传统文化的当代价值

中华民族在五千多年发展的历史长河中,孕育形成的中华优秀传统文化,是中华民族最深沉的精神追求。我们要深入挖掘中华优秀传统文化中的精神特质,紧密结合时代发展要求,进行创造性转化、创新性发展,激活中华优秀传统文化内在基因,赋予其符合时代发展要求的价值与意义。

一、中华优秀传统文化是涵养社会主义核心价值观的重要源泉

核心价值观承载着一个民族、一个国家的精神追求,体现并反映着一个社会评判是非曲直的价值标准。习近平总书记在党的十九大报告中指出:"社会主义核心价值观是当代中国精神的集中体现,凝结着全体人民共同的价值追求。"①历史经验表明,一个国家和民族的核心价值观只有根植于其优秀传统文化的土壤之中,才具有生命力。社会主义核心价值观是在充分吸收中华优秀传统文化丰富营养的基础上不断形成和发展起来的,中华优秀传统文化为社会主义核心价值观提供了深厚文化土壤,二者具有内在统一性。

从国家层面来看,富强的思想,在中国的古籍文献中被广泛记载,如《管子·形势解》中记载:"主之所以为功者,富强也。"②《史记·李斯列传》中记载:"孝公用商鞅之法,移风易俗,民以殷盛,国以富强,百姓乐用,诸侯亲服。"③自古以来,中华民族就有对国家富强的期盼和追求,并为此进行过不懈的探索。

民主的思想,在中国的古籍文献中也有体现,《周礼·小司寇》中记载:"小

---

① 习近平:《决胜全面建成小康社会 夺取新时代中国特色社会主义伟大胜利:在中国共产党第十九次全国代表大会上的报告》,《人民日报》2017 年 10 月 28 日。

② 黎翔凤:《管子校注》(下),中华书局 2019 年版,第 1296 页。

③ (西汉)司马迁:《史记》,中华书局 1999 年版,第 1977 页。

司寇之职,掌外朝之政,以致万民而询焉。"①周朝设有外朝制度,设有小司寇之职,掌管外朝朝政,凡事均以民众意见为主,这是古代社会中有记载的民主制度。民主并非一成不变的,民主亦是时代发展的产物,古代社会中的民主体现和反映了古代社会统治阶级与人民利益诉求之间的平衡。

文明的思想,在中国古籍文献中被广泛记载,焦赣在《易林·节之颐》中记载:"文明之世,销锋铸镝。"②意指文明的时代,是没有战争、没有暴力的。《后汉书·邓禹传》中记载:"禹内文明,笃行淳备,事母至孝。"③《新唐书·郑权陆亘传》中记载:"亘文明严重,所到以善政称。"④《礼记·乐记》中记载:"三者本于心,然后乐器从之。是故情深而文明,气盛而化神。"⑤从古代文献对文明一词的记载,可以将文明看成是表现历史发展的物质文化、精神文明和制度文化的统称。

和谐的思想,体现和反映在中华优秀传统文化中的"天人合一""和而不同"等思想上面。天人合一,体现的是人与自然和谐的思想,强调人应该顺应自然,尊重自然,保护自然,实现人与自然的和谐共生。在人与人的关系上,中华优秀传统文化主张"和为贵",创造和谐人际环境。中华传统文化还提出个人身心和谐思想,强调人要注重自我修养,保持良好的道德品格,从而进入一种高尚而又和谐的人生境界。在国与国之间的关系处理上,中华优秀传统文化主张"协和万邦"而非"征服",即在平等的基础上,和平共处、亲善和睦。

此外,中华优秀传统文化还强调"民惟邦本""仁者爱人",强调"天行健,君子以自强不息",强调"天下兴亡、匹夫有责",强调"出入相友,守望相助",等等,这些具有鲜明民族特色的思想和理念对社会主义核心价值观不同层面都产生着深刻影响。

概言之,中华优秀传统文化,积淀着中华民族最深层的精神追求,包含着中华民族最根本的精神基因,是社会主义核心价值观的不竭源泉,深入挖掘和阐

---

① (东汉)郑玄:《周礼》,徐正英、常佩雨译注,中华书局 2014 年版,第 742 页。
② 尚秉和:《焦氏易林注》,中华书局 2020 年版,第 300 页。
③ (宋)范晔:《后汉书》卷十六,中华书局 2016 年版,第 606 页。
④ (宋)欧阳修、宋祁:《新唐书》卷八四,中华书局 2003 年版,第 3789 页。
⑤ (清)朱彬:《礼记训纂》,中华书局 1996 年版,第 582 页。

释中华优秀传统文化精髓,把中华优秀传统文化中的精髓提炼出来,使之成为涵育社会主义核心价值观的源头活水,才能使社会主义核心价值观更易于被广大人民群众所认可和接受,进而自觉遵守和主动践行。

二、中华优秀传统文化为马克思主义中国化提供文化沃土

马克思主义作为一种外来的思想体系,如何实现中国化,是党领导人民推进革命、建设和改革事业必须要回答的重大课题。马克思主义中国化的进程,就是马克思主义理论与中华优秀传统文化相融合的过程,在汲取中华优秀传统文化基因基础上,使马克思主义具有中国风格、中国气派。

毛泽东注重运用中华优秀传统文化来阐释马克思主义,1941年,毛泽东在《改造我们的学习》中对中华传统文化中"实事求是"一词进行了马克思主义的界定,赋予了其崭新内涵。中华优秀传统文化中的"民惟邦本""民为贵,社稷次之,君为轻"等思想,升华为"群众路线"思想。中华优秀传统文化中的"知行合一""学以致用"等思想,深刻阐释了理论与实践的辩证关系,与马克思主义认识论相融相通。中华优秀传统文化中的"民亦劳止,汔可小康",体现了古代社会中的人民对美好生活的向往和追求,我们党提出的全面建成小康社会奋斗目标,是在吸收借鉴传统文化中"小康"思想精华基础上,结合我国具体国情,实现的对传统文化的继承和超越。"依法治国""以德治国"理念,是对中华优秀传统文化中的法治思想和德治思想进行创造性转化的成果。"人类命运共同体"理念,是对"天下为公""天下大同""仁者爱人"等思想的创新性发展。

文化的生命力在于不断创新,马克思主义中国化是一个动态的、不断创新的历史进程,中华优秀传统文化为马克思主义中国化提供了丰富文化养分,将马克思主义根植于中华优秀传统文化之中,有助于不断丰富和创新中华优秀传统文化样态,使中华优秀传统文化中的合理文化内核积淀为最深沉的精神追求和价值指引。

三、中华优秀传统文化为国家和社会发展提供价值指引

当前,我国已经摆脱了新中国建立之初的一穷二白,全面建成了小康社会,并朝着全面建成社会主义现代化强国目标迈进,我国的自主发展能力大幅提

高,人民群众的福祉也随着国家的发展而发展。

一旦人们的生存问题得到解决,随之而来的将是经济、政治、文化、社会、生态各领域更高奋斗目标,国家、社会和个人不同主体间的利益诉求,也将不断发生调整和变化。经济多元化、文化多样化、利益差异化使多元主体间的利益诉求和来自不同领域的目标之间,有时会以一种相互冲突和解构的方式并存。

面对由多重紧张关系塑造的"复杂现代性",亟须构建共识性的价值基础,调节多元治理主体间的利益关系,以弥合多元治理主体之间的冲突。

中华优秀传统文化积淀着中华民族最深沉的精神追求,有助于提高主体人的道德修养和价值素养,促进人与人、人与社会、人与自然之间的和谐。

中华民族在五千年的历史发展长河中,孕育形成了灿烂辉煌的中华优秀传统文化,其中有体现中国知识分子为国奉献的"天下兴亡,匹夫有责""先天下之忧而忧,后天下之乐而乐"等爱国文化,有体现和反映个人修身的"富贵不能淫、贫贱不能移、威武不能屈"的道德文化,有体现和反映古人正确义利观的"见利思义""先义后利""重义轻利""君子喻于义、小人喻于利"的义利文化,有体现和反映国家治理的"民惟邦本、本固邦宁"的治理文化,有正确认识和处理人与自然之间关系的"天人合一"的生态文化。这些传统优秀文化体现和反映了中华民族特有的风骨和气度,蕴含着中华民族特有的精神力量,铸就了中华民族的灵魂。

中华优秀传统文化中蕴含着无限的生命力和丰富的智慧,其中许多核心价值理念对我国国家和社会发展仍具有重要的现实意义,在新征程上,要结合中国特色社会主义新时代的新特点,对中华优秀传统文化进行创造性转化、创新性发展,赋予中华优秀传统文化时代色彩,展现中华优秀传统文化的时代价值。

四、中华优秀传统文化提供凝聚全体人民的价值纽带

从国际上看,伴随着经济全球化的深入演进,各国间的联系日趋紧密,交往不断加深。在国家间交往不断加深的历史进程中,以价值观为内核的不同国家间的文化交流与碰撞也日益频繁,经济与文化"一体化"态势日益显著,对不同国家的经济社会发展带来了广泛、深刻的影响。

在经济全球化、社会信息化、文化多样化的大背景下,西方价值观借助各类

载体和工具在全球肆意传播，对各国价值观产生了严重冲击。在西方价值观的影响下，一些国家的人民在价值选择和价值追求上，易出现对本民族价值观缺乏自信的表现，在价值选择和价值追求上出现动摇和妥协。

从国内来看，随着我国改革开放的不断深化，社会经济结构、利益关系都发生深刻调整，传统计划经济体制向社会主义市场经济转型，催生了个体经营者、自由职业者、私营企业主等新从业者，收入分配格局从单一的按劳分配向按劳分配与按生产要素分配相结合的方式转型。市场经济条件下，市场主体、利益主体的多元化，使不同利益阶层、利益群体、利益个体凸显出来，多元利益主体必然产生多元价值观念。

由内外因素所导致的社会价值多元化，打破了传统一元价值体系，削弱了传统一元主流价值的权威性，增加了多元价值观间的碰撞与冲突，弱化了社会凝聚力。面对社会价值的复杂化、多元化局面，需要在尊重价值差异的基础上，广泛凝聚共识，整合思想观念领域出现的"碎片化"问题。

中华优秀传统文化之中内含凝聚全体人民意志、汇聚全体人民力量的先进文化基因，可以在价值日益多元化的当下，发挥凝聚社会各方力量，激发各民族成员归属意识、认同意识、进取意识，在尊重价值差异基础上，形成推动社会发展的凝聚力和进取力的功效。中华优秀传统文化经过长期的历史演变，孕育形成了以爱国主义为核心的团结统一、爱好和平、勤劳勇敢、自强不息的民族精神，这一伟大的民族精神是中华民族自信、自立、自强的力量源泉，是中华民族生存发展的精神支柱，是实现中华民族伟大复兴的价值共识，是在现代化进程中推进国家统一、促进民族团结、实现价值和谐的文化基因。

五、中华优秀传统文化为实现中华民族伟大复兴提供文化力量

中华优秀传统文化蕴含着中华民族共同培育的民族精神，彰显着中华民族独特的精神标识，赋予了中华民族生生不息的生命力。中华优秀传统文化是实现中华民族伟大复兴的重要思想基础和精神保障。实现中华民族伟大复兴，必须坚持走中国式现代化发展道路。中国式现代化，强调人口规模巨大、全体人民共富、物质文明与精神文明相协调、人与自然和谐共生、走和平发展道路。中国式现代化的这些特征，可以从中华优秀传统文化中找到文化素材和根源，如

天下为公、民惟邦本、以德治国、天人合一、亲仁善邻等思想与中国式现代化中的价值追求息息相通、密切相连,都体现和反映着中华民族长期以来不变的价值追求。

当前,中国共产党正带领人民朝着第二个百年奋斗目标进军,全面建成社会主义现代化强国和实现中华民族的伟大复兴,需要凝聚起亿万人民的力量,付出更为艰辛的努力,同心同德、众志成城、持之以恒、艰苦奋斗。将亿万人民群众的力量凝聚起来,需要挖掘中华优秀传统文化中所蕴含的思想智慧,发挥中华优秀传统文化在推动实现中华民族伟大复兴进程中的特有凝聚力、向心力。

习近平总书记强调:"要把实践中广泛认同、较为成熟、操作性强的道德要求及时上升为法律规范,引导全社会崇德向善。"[1]中华优秀传统文化蕴含着中华民族特有的思维方式、价值理念、审美意识和伦理观念,影响和塑造着当代中国人的精神世界,塑造着中国人的根和魂,影响着中国人的言行举止。深入挖掘中华优秀传统文化中的文化资源,推动中华优秀传统文化创造性转化、创新性发展,将为推动和实现中华民族伟大复兴提供强大文化力量。

六、中华优秀传统文化是文化自信的重要根基

中华优秀传统文化是中华民族的身份标识,是中华儿女保持民族认同和精神团结的文化符号,源远流长的中华优秀传统文化深深积淀于中国人的思维模式和价值取向之中,成为我们坚定文化自信的文化根基。

中华优秀传统文化强调"天行健,君子以自强不息""君子之守,修其身而天下平""公家之利,知无不为,忠也""吏不廉平,则治道衰",等等,其中蕴含着自强、忠诚、廉洁、修身等价值理念,具有鲜明的民族特色和时代价值,是中华文明延续至今没有中断的根基,是我们坚持文化自觉、文化自信的底气。

中华优秀传统文化,内含包容性、开放性、融合性特质,使中华文明在世界文化多元格局下,始终能够做到兼容并蓄、融会贯通,并不断增强自身的活力。

---

① 习近平:《坚持依法治国和以德治国相结合　推进国家治理体系和治理能力现代化》,《人民日报》2016 年 12 月 11 日。

概言之,中华优秀传统文化是中华民族的生命血脉、精神命脉,是我国在世界文化激荡中站稳脚跟,保持中国特色的"定海神针"。中华优秀传统文化发展至今,依旧保持其鲜活创造力和强大生命力,得益于中华优秀传统文化开放包容、兼收并蓄的文化特质,这也是中华优秀传统文化在文化交流日益频繁、文化竞争日趋激烈的当下,能够始终保持其特有文化底色的根本所在。

第三节　中华优秀传统文化当代传承所面临的困境与挑战

中华优秀传统文化是中华民族生存和发展的精神支撑,是中华民族自尊、自信的文化土壤,是国家走向富强的软实力资源。传承和弘扬中华优秀传统文化,就是要形成中华优秀传统文化的当代认同,增强复兴中华优秀传统文化的使命感,激活中华优秀传统文化的强大基因。近年来,我国高度重视中华优秀传统文化的传承和弘扬,取得了不小成绩,但是,也应清醒地看到,中华优秀传统文化在传承中仍然面临着一些困难和挑战。

一、与当代中国文化之间的割裂现象比较严重

经济全球化的深入发展和我国对外开放的日益深化,客观上给中华优秀传统文化造成了严重的冲击。各国文化间的交流、碰撞日益频繁,西方文化对我国社会经济和文化生活的方方面面带来了深刻影响,严重冲击着中华优秀传统文化的价值观念、文化结构。特别是广大青少年,因受到西方文化的影响,存在片面追求西方文化,忽视中华优秀传统文化的现象。

工业化、城市化、现代化进程的加快,给中华优秀传统文化的传承和弘扬带来了巨大压力,一些优秀传统文化面临着失传和消失的境地。据相关统计,我国传统文化平均每年的消失率为 10%。

由于受到多元文化的冲击、异质文化力量的影响,社会民众对文化特别是传统文化的敬畏感在减弱,逐渐淡忘传统文化习俗。传统文化的厚重感在降低,民众对传统文化的珍重感在下降,民众的文化精神普遍淡化。

二、中华优秀传统文化的现代性转化不足

中华优秀传统文化是在中华民族发展的历史长河中,经过时间沉淀、实践检验,孕育形成的中华民族特有文化标识,是中华民族生生不息的文化力量。中华优秀传统文化中的价值观,历经实践检验,至今仍具有很高的实践价值。发挥中华优秀传统文化的作用,彰显中华优秀传统文化的当代价值,需要结合当代文化需求,对中华优秀传统文化进行现代性转化。为此,需要对中华优秀传统文化进行全面、科学、系统的挖掘。

长期以来,由于在中华优秀传统文化的挖掘方面缺乏科学的规划,造成对中华优秀传统文化的概念缺乏明确界定,对中华优秀传统文化的内涵缺乏准确阐释,对中华优秀传统文化的传承对象缺乏清晰界定,这不同程度地影响了中华优秀传统文化的现代性转化效率。

中华优秀传统文化的现代性转化,需要采取适宜的方式,由于对中华优秀传统文化现代性转化的理论研究和实践解读都十分欠缺,其难以与当代需求接轨。

此外,在对中华优秀传统文化的阐释上,存在低级恶搞、过度包装等现象,正因为缺乏对中华优秀传统文化的科学阐释和解读,人们难以真正掌握中华优秀传统文化的科学内涵。

三、文化价值观差异

在当今社会,文化价值观差异是阻碍中华优秀传统文化创造性转化、创新性发展的一个重要因素。中华优秀传统文化有其独特的价值体系,体现和反映着中华民族的道德理念和精神追求,是具有中华民族个性的文化。要实现中华优秀传统文化创造性转化、创新性发展,必须要不断增强对中华优秀传统文化中的价值观的认同。

当前,在经济全球化背景下,国与国之间的交往不断加深,文化之间的交流、碰撞日益频繁,国与国之间的文化输出,在一定意义上,也是价值观的输出,不同文化之间的交流、碰撞也在深深地影响着人们的价值选择和价值追求,因受到外来文化的影响,国内一些人接受外来文化,热衷外来文化,盲目"以洋为

尊""以洋为美""唯洋是从",跟在别人后面亦步亦趋,肆意传播历史虚无主义、文化虚无主义,一些人热衷于过圣诞节、万圣节、复活节等"洋节",却极少关注我国的端午节、重阳节等传统节日,对这些传统节日的由来和蕴含的意义更是一知半解;一些年轻人追捧欧美、日韩流行音乐和院线影视,却对京剧、相声这些我国优秀传统艺术置若罔闻,更谈不上对其传承和弘扬。

此外,因受到外来文化及价值观影响,拜金主义、享乐主义、极端个人主义等错误价值观滋生,文化领域也出现了一些值得注意的功利化、庸俗化、简单化等问题。持有错误价值观的价值主体将会热衷于追求异质文化,这会对中华优秀传统文化的传承产生消极阻碍作用。

四、传统文化资源利用不足

传统文化资源的高效利用,是中华优秀传统文化有效传承的重要保证。我国的传统文化资源十分丰富,如何将传统文化资源利用好,使其在文化传承中发挥出其应有价值,是必须高度重视的一个问题。

首先,我国部分地方政府存在对优秀传统文化保护传承重要性认识不足的问题,未能采取行之有效的创新之举,未能将优秀传统文化保护与经济社会发展结合起来,存在重保护、轻利用,重眼前、轻长远的问题。特别是有些地方的非物质文化遗产项目没有得到及时发掘整理与合理利用,仅局限于节庆、会展等场合的展示和运用,传统文化遗产的深度开发和利用不够。

其次,在中华优秀传统文化资源的保护和利用中,由于受到经济利益驱动,出现了对传统文化资源的抢夺现象。例如:我国传统文化中的四大名著,其中《水浒传》《西游记》《三国演义》正在遭受日本企业的抢注;我国传统节日端午节也被韩国列为其非物质文化遗产。文化资源争夺现象,不仅在国家之间,我国内部各地区之间也存在文化资源的抢夺现象。例如:2016年,湖南、贵州等省的多个县市因夜郎国都邑问题展开了一场争夺战;河南、湖北两省,曾对诸葛亮躬耕过的南阳归属问题展开争夺;商丘、黄陂两地,也对谁是花木兰的真正故乡展开争夺。这些文化资源争夺现象,并非为追求学术上的突破和历史上的真相,更多的是从自身经济利益出发的行为,这种只重视经济利益而忽视文化自身建设的观念和做法,将严重影响对传统文化资源的保护和挖掘,影响中华优秀传统文化的传承。

五、中华优秀传统文化传承和弘扬主体、手段单一

中华优秀传统文化的传承和弘扬，需要在方式方法、技术手段等方面不断创新，切实增强中华优秀传统文化传承和弘扬实效。

当前，我国在中华优秀传统文化的传承和弘扬上，存在传承和弘扬的主体单一、手段单一的问题。主体单一，主要体现为仅仅依靠政府力量来推动中华优秀传统文化的保护和传承工作。中华优秀传统文化的保护和传承，政府的力量固然重要，但仅仅依靠政府力量，不调动和引导广大社会力量参与到保护和传承工作中，也将难以形成工作合力，影响中华优秀传统文化保护和传承实效。当前，我国部分地方政府缺乏有效手段吸纳和推广民间优秀经验做法，不能够调动和发挥科研院所、社区、社会组织、企业等社会力量的主体作用，造成了中华优秀传统文化保护和传承工作中的力量薄弱问题。

手段单一，主要体现为中华优秀传统文化的传承和弘扬主要借助纸质媒介，通过传统购买、阅读等方式开展，互联网技术、数字技术等现代化信息技术手段运用不足，降低了中华优秀传统文化的呈现效果。

现代科技的飞速发展，为我们保护和传承中华优秀传统文化提供了全新思路和方式。

首先，数字技术为中华优秀传统文化的保护提供了全新选择。珍贵的文化和历史资料是中华优秀传统文化的重要载体，运用数字技术，可以将珍贵文物和历史资料进行复制、存储和传播，使其得以完整记录和保存，同时也方便人们对其进行查阅和传播。2019 年，故宫博物院推出了线上数字文物项目"数字文物库"，运用数字技术，将故宫 186 万余件藏品进行数字化，将故宫文物搬上"云端"，激活文化价值，实现文化数字化保护成果的开放与共享。

其次，虚拟现实技术能让民众沉浸式体验中华优秀传统文化。虚拟现实技术是将现实世界与虚拟世界相结合的技术手段。在中华优秀传统文化的保护和传承中，通过运用现代技术手段，将实现现实世界虚拟再现，可以为观众营造出一种沉浸感。"数字敦煌"项目，利用先进科学技术和文物保护理念，对敦煌石窟和相关文物进行全面数字化采集、加工和存储，获得图像、视频、三维等多

种数据，公众可以利用数字化虚拟终端，走进敦煌世界，获得更加真实的体验和感受。

最后，云端服务技术为中华优秀传统文化的传承和保护提供了新契机。云端服务技术，不仅可以为民众提供数字化云端服务共享，而且可以将各种类型的文物进行分类归纳、标准化存储，使文化资源转化为一种数字资源，具备了新的价值和推广模式，有助于更好地服务于文化保护和传承。

六、中华优秀传统文化保护和传承的体制机制有待健全

中华优秀传统文化的保护和传承，需要改革和完善现有的体制机制，以提供根本制度支撑。目前，我国对优秀传统文化的保护和传承存在以下制度方面的问题。

缺乏统一协调的管理体制。优秀传统文化的保护和传承，需要相关部门统一规划、统一管理。中华优秀传统文化的保护和传承，涉及文化、文物、新闻出版、公安、工商、旅游、宗教等多个部门，受到职能分割、权限分割等的局限，还未形成各部门间相互配合、齐抓共管的保护和传承工作机制。

相应法律制度还不健全。现行法律法规、政策制度，对中华优秀传统文化的保护和传承规定比较笼统，特别是关于中华优秀传统文化保护和传承的经费保障、人才支持等方面的制度规定，还有待进一步细化。

相关保障措施执行不力。中华优秀传统文化保护经费投入与实际需要之间还存在比较大的差距。尤其是一些文化资源丰富的欠发达地区，由于地方财政困难，保护资金缺口较大，基层文化遗产保护事业管理和专业技术人员欠缺现象比较严重，缺编制、缺人才、缺经费现象普遍。有些非物质文化遗产项目传承后继乏人，存在"人走艺绝"现象。

第四节　中华优秀传统文化的传承路径

习近平总书记指出："弘扬中华优秀传统文化,要处理好继承和创造性发展的关系,重点做好创造性转化和创新性发展。创造性转化,就是要按照时代特点和要求,对那些至今仍有借鉴价值的内涵和陈旧的表现形式加以改造,赋予其新的时代内涵和现代表达形式,激活其生命力。创新性发展,就是要按照时代的新进步新进展,对中华优秀传统文化的内涵加以补充、拓展、完善,增强其影响力和感召力。"①中华优秀传统文化的传承和发展,既要着眼于中华民族伟大复兴,又要立足融入人民的日常生活;既要着眼于延续中华文脉、维护国家文化安全,又要立足提升人民群众的文化素养。

一、以语言文字为中心

汉字,是中华传统文化的重要组成部分,是中华民族赖以生存的重要工具,是中华文明得以传承的重要载体。千百年来,汉字的发展与中华文化的发展,始终呈现相辅相成、相得益彰的态势,具有彼此相互孕育、合体共生的过程。汉字,不仅是人们日常生活中表达思想、交流情感的重要工具,也是一种文化符号、审美符号,蕴含着中华民族独特的价值理念、思维方式、审美情趣、风俗习惯等,历经千年的历史淬炼和积淀,具有极高的韵味和内涵。

汉字本身已经形成了一种文化系统,诗词、楹联、书法、碑刻、篆刻、灯谜等,无不蕴含着浓郁的传统文化气息。中华优秀传统文化中的经典名著,也都是以汉字为表达方式塑造传承的。这些都充分展现了汉字为中华优秀传统文化的传承注入了生命力和创造力。离开了作为母语书写形式的汉字,中华优秀传统文化的传承和弘扬将成为无源之水、无本之木。

随着历史车轮驶进信息技术蓬勃发展的新时代,《中国诗词大会》《中国汉字听写大会》等传统文化类节目,利用汉字文化独特艺术样式,激起了人们对中

---

①　习近平:《论党的宣传思想工作》,中央文献出版社 2020 年版,第 57 页。

华优秀传统文化的兴趣和激情。世界各地陆续开设的孔子学院,在满足世界人民对汉字文化需求和兴趣的同时,不断掀起传承和弘扬中华优秀传统文化热潮。

立足新时代,面对新形势,中华优秀传统文化的传承和发展,必须重视加强语言文字教育,要在各级各类学校加强汉字书写教学,要规范校园内的标语用字,保证标志牌、各种宣传栏使用文字规范、内容多样、形式丰富,营造良好的语言文字教育环境。要保证教师在教学过程中,教师板书、批改作业、书写评语等用字规范,尤其不能出现错别字、异体字、繁体字。要保证教师在课件制作中,用字规范化、标准化。鼓励学校开展书法展示活动,在学生心中播下文化自信的种子。学校可以利用学校广播、升旗仪式、演讲活动、黑板报、手抄报、第二课堂活动等途径,定期进行语言文字宣传推广。国家级新闻媒体机构可通过举办中华经典诵读写讲大赛、中国诗词大会、汉字听写大会、成语大会等活动,打造深入人心的语言文字品牌,让广大青少年感受到语言文字的魅力。

二、以文化经典为依托

中华文化经典,是指中华文化中最优秀、最精华、最有价值的典范性著作。在中华文明发展史中,用文字铸就、流传下来的各种历史文化典籍浩瀚如海,积淀着中华民族最深层的精神追求,蕴含着丰富的思想道德资源。

春秋战国时期,是思想活跃、文化空前繁荣的时期,这一时期,孔子、孟子、老子、庄子、韩非子等诸子并起,儒家、道家、法家、兵家、墨家等百家争鸣,是中华民族文化史上的第一个高峰。在诸子百家中,儒家是对后世影响最大的一个学派。

儒家学派是由春秋末期孔子所创立的学派,居于儒家、道家、墨家、法家、兵家、名家、阴阳家、纵横家、农家、杂家十家学派之首,《论语》《孟子》《荀子》等著作是儒家学派的代表作。

以经典原著为依托,大力推进经典作品的整理、翻译、诵读等,让经典在传承中华优秀传统文化中发挥根本性、支撑性作用。

首先,要凝聚共识、重视引导,在全社会构建传颂经典、弘扬经典的浓厚氛围,文化经典是对数千年来中国人的思维方式、行为习惯、生活方式的高度总结,蕴含着每个人修身、立德的大智慧,关乎全体人民的道德进步和人文素质提高。要把传颂、学习文化经典,作为文化建设、精神文明建设和公民素质提升的一项重要工程予以规划、部署和实施。要推动文艺创作和戏剧表演,重回经典,以经典为素材,以经典为滋养,将历史上著名的小说、戏剧重新改编、演绎,融入时代元素,推陈出新并发扬光大。

其次,要由传统的总结概括为主,向超前策划、突出主题、逻辑链接、亮点聚合并重转变。文化宣传部门要紧紧围绕传颂和弘扬文化经典主题,打好主动仗,抓住经济社会发展、党和政府关注、人民群众关心的结合点、共鸣点,形成强大的传颂和弘扬文化经典的主流舆论场,形成亮点纷呈的宣传局面,不断吸引受众眼球。

最后,要摒弃照本宣科式、填鸭式宣传教育方式方法,把宣传文化经典活动融入经济、社会建设的方方面面,融入人们工作、生活的全过程,用先进典型激励人,用共同理想召唤人,用民族精神、时代精神感染人。

三、以习俗节庆为纽带

中国传统习俗,是中国历史和文化的重要载体,既是各民族不同政治、经济的反映,又是中国社会价值观、礼仪习惯、生活方式的表现,其形成与民族生活的自然环境、生产方式、经济条件等密切相关。

传统习俗,是中华民族的重大民族文化遗产,蕴含着独特的历史内涵,是每一个民族成员的精神原乡和文化脐带。

我国的传统节日文化源远流长、博大精深,我国的传统节日主要有春节、元宵节、清明节、端午节、中秋节、重阳节、腊八节等,与传统节日相对应的传统习俗,主要包括:春节,是中国最重要的传统节日之一,一般会舞龙舞狮、放烟火等;清明节,人们会扫墓祭祖、放风筝;端午节,人们会吃粽子、赛龙舟;中秋节,又称祭月节、月夕、秋节、团圆节等,人们主要赏月、吃月饼。

传承中华优秀传统习俗,能够培养国民的爱国情操,提升民族自豪感,增强民族凝聚力,具体有如下体现。

第一,家庭传承。家庭是传统习俗的重要承载者,是培养子女了解和认识传统习俗的第一课堂,家长可以在日常生活中向子女传授传统习俗的知识和做法,如贴春联、猜灯谜、包粽子、放鞭炮等,通过家庭传承,让子女们更好地了解和体验民族文化的魅力。

第二,教育传承。学校是培养学生民族精神的重要场所,是教授学生传统民俗知识的重要途径。各级各类学校应将传统习俗知识纳入课程体系,通过课堂教学、实践教学等途径,让学生了解传统习俗的由来、作用和意义,培养广大学生对中华传统文化的认同感。

第三,媒体宣传。借助报纸、杂志、电视、网络等媒体,宣传传统习俗的文化内涵和价值,使更多的人关注和了解传统习俗,增强民族文化的传播力、影响力。

第四,社会组织。社会各界团体、企事业单位可以组织各种类别的传统习俗活动,如元宵节猜灯谜、端午节赛龙舟、中秋节做月饼等,吸引广大群众参与,感受传统习俗魅力。

第五,创新传承。在传承传统习俗基础上,要结合时代特点和人民需求,对传统习俗进行创新和发展,使其具有现代气息,如将传统习俗与现代科技、艺术相结合,使其呈现出别具一格的文化样态。

第六,文化旅游。深入挖掘各地传统习俗资源,结合各地实际,发展文化旅游产业,展示各地传统习俗,吸引游客参观体验,促进传统习俗文化传播。

四、以化育知行为关键

中华优秀传统文化的传承和发展,关键在于加强认知教育。中华优秀传统文化博大精深,蕴含着十分丰富的德育思想、德育方法,至今仍熠熠生辉。在国民教育中加强中华优秀传统文化教育已成为弘扬中华优秀传统文化的重要途径。

中华优秀传统文化中蕴含着十分丰富的德育资源。在中华优秀传统文化中,重视道德自觉和人格完美,是古代德育的重要内涵,其内容包括立志乐道、克己内省、自强不息等方面。立志乐道,意指个体人应有坚定志向、崇高信仰。我国儒家学派代表人物孔子曾言:"三军可夺帅也,匹夫不可夺志也。"意思是说,军队的主帅可以改变,普通人的志向却不可以改变。孔子还曾言,"君子谋道不谋食""忧道不忧贫""朝闻道,夕死可矣"。意思是说,君子所谋求的是大道的确立与践行,不会去谋求个人生计。君子只忧愁自己的为人,不忧愁是否贫穷。早晨能够得知真理,即使当晚死去,也没有遗憾。

对当代中国青年而言,锤炼高尚品格,就是要把正确的道德认知、自觉的道德养成、积极的道德实践紧密结合起来,不断加强个人思想道德修养。中华优秀传统文化中的个人道德建设,为新时代中国青年思想道德建设提供了有益借鉴。

中华优秀传统文化中,还包含着热爱祖国、追求崇高理想信念的生动素材。"先天下之忧而忧,后天下之乐而乐"的范仲淹,"王师北定中原日,家祭无忘告乃翁"的陆游,"人生自古谁无死,留取丹心照汗青"的文天祥,"苟利国家生死以,岂因祸福避趋之"的林则徐,等等,虽身处不同时代,但都是后人敬仰的有人生方向、有坚定信念的先贤。在当代中国,广大青年要牢固树立中国特色社会主义共同理想,牢固树立中国梦的远大追求,在学习中磨炼意志、增长才干,坚定矢志不渝为建设中国特色社会主义,实现中华民族伟大复兴中国梦而奋斗的意志和决心,广大青年要从中华优秀传统文化中汲取智慧,从古代先贤的模范榜样中汲取力量。

中华优秀传统文化的传承和弘扬,要坚持抓基础教育,发挥课堂教育主渠道作用,在教学、科研中坚守中华民族的文化基因和精神命脉,以化育知行为关键,推动中华优秀传统文化的传承和弘扬往深里走、往实里去。

五、以文化传播为平台

弘扬中华优秀传统文化,树立中华优秀传统文化自信,在加强公民自身人文道德修养基础上,促进传统文化与当代社会相适应。中华优秀传统文化传承的重要目的,是更好地进行文化创新。只有在文化传承基础上的文化创新,才能保持中华优秀传统文化的个性、独立性和价值。

习近平总书记指出:"深入挖掘中华优秀传统文化蕴含的思想观念、人文精神、道德规范,结合时代要求继承创新,让中华文化展现出永久魅力和时代风采。"①对中华优秀传统文化继承的同时,进行创造性转化、创新性发展,是对待优秀传统文化的正确态度。

首先,要深挖中华优秀传统文化的内涵。全面了解中华文明的发展历史,从中华优秀传统文化中寻找文化创作的生动素材,深入挖掘中华优秀传统文化中蕴含的哲学思想、价值理念、人文精神、道德规范,努力打造更多具有思想穿透力、文化影响力、艺术感染力的文化精品。

其次,要创新表达形式。创新用语,用时代化语态吸引青年受众,用青春语言让传统文化焕发新的光彩。创新手段,网络化、数字化、智能化等新技术为中华优秀传统文化的传承和发展开辟了新路径,物联网、云计算、人工智能、5G技术可以还原历史场景,打造沉浸式的文化体验。创新形式,借助诗歌、戏剧、舞蹈等现代元素,让静态的文化资源"动"起来。创新途径,善于运用虚拟与现实对接、线上线下互动、衍生品开发等多元方式,激活传统文化资源,增强民众的参与感、体验感和认同感。

最后,紧扣时代脉搏。推动中华优秀传统文化与现代生活相融、相通,使中华民族最基本、最深沉的文化基因与现代社会相协调。习近平总书记指出:"中华优秀传统文化已经成为中华民族的基因,植根在中国人内心,潜移默化影响着中国人的思想方式和行为方式。"②传承和弘扬中华优秀传统文化是全体中华儿女的共同责任,要深化文明交流互鉴,推进中国故事、中国声音的全球化表达,增强中华优秀传统文化全球传播的亲和力和影响力,让中华优秀传统文化在交流互鉴中展现其独特魅力。

六、以生活方式为目的

中华优秀传统文化的传承和弘扬,其最终目的是满足人民日益增长的精神文化需求,中华优秀传统文化只有走进千家万户、走进百姓生活,才能实现这一目的。中华优秀传统文化,不仅存在于思想、文字、语言等载体中,还存在于书

---

① 习近平:《决胜全面建成小康社会 夺取新时代中国特色社会主义伟大胜利:在中国共产党第十九次全国代表大会上的报告》,《人民日报》2017年10月28日。
② 习近平:《习近平谈治国理政》,外文出版社2014年版,第170页。

法、曲艺、音乐等百姓喜爱的文艺形式中。传承和弘扬中华优秀传统文化,不仅限于背诵经典名篇这种形式,也可以采取生活化、大众化、多样化的形式。只有将中华优秀传统文化与人民日常生活紧密联系起来,中华优秀传统文化才能变得有血有肉,才能具有生命力。

首先,推动文化与旅游相融合。文化遗产是中华优秀传统文化的结晶,无论是物质文化遗产,还是非物质文化遗产,都具有很高的历史价值、艺术价值和科学价值。旅游作为文化传播的重要渠道,在文化遗产融入人民的日常生活中发挥着不可替代的重要作用。各地应坚持利用自身地域文化遗产优势,将文化传承和弘扬根植于文化和旅游的深度融合过程中,使旅游目的地成为优秀传统文化的传播平台。

其次,加强文化创意开发。如一套甲骨文手机表情包成为"斗图圈"的"新宠",独特的传统文化符号与"神马、大神、有木有"等网络流行语产生了"化学反应",用甲骨文表情包解读甲骨文,将古老而厚重的文化记忆"复制"到现代生活中,更加便于人们对传统文化的理解;中央电视台热播的大型文化节目《经典咏流传》,将清代诗人袁枚的《苔》、北宋文学家苏轼的《定风波》等古典诗词与现代音乐融合起来,令人耳目一新,在观众中引发强烈共鸣;故宫文创对传统工艺和美学的运用,受到人们广泛关注。传统文化通过不同载体强势出圈,让人民群众感受到了数千年文明积淀的历史底蕴及由此彰显的中华文化特色。

最后,促进文化与技术的融合。身着汉服的数字机器人"艾雯雯"和中国文物交流中心的"文夭夭",在各大博物馆提供讲解、导览服务,传播中华文化,以科技手段让传统文化走进人民的日常生活。以中国戏剧为例,数字技术深度介入戏剧舞台空间的建构,数字灯光、数字影像、数字音响的投入使用,为传统戏剧注入了创新活力。据统计,截至 2022 年 12 月,我国网民数量达到了 10.67 亿。其中,手机网民达到了 10.65 亿;微信、微博、抖音等用户达到了 10.38 亿,占到网民整体数量的 97.2%;网络视频用户规模达到了 10.31 亿,占网民整体的 96.5%。人们依托视频平台、直播平台和公众号等传播媒介,以文字、图片、视频、直播等方式,发布、传播和获取信息,已成为普遍和流行态势。中华优秀传统文化,因 AI 及以 AR、VR 为代表的数字技术的介入,以更多元的传播方式,更加广泛地深入广大人民群众的日常生活之中。

七、以文化活动为载体

群众参与性强、受众面广的文化活动是传承中华优秀传统文化的有效载体。各地应根据本地文化资源实际,结合各地地域特点、文化传统、风土人情、风俗习惯,打造因地制宜的文化品牌,开展各具特色的文化活动,依托文化活动载体,推动中华优秀传统文化的传承和发展走深、走实。

以传统文化为主题的活动,为人们提供了学习和了解中华优秀文化的平台。这些活动可以包括书法、绘画、摄影、对联、剪纸、茶道、戏剧表演、手工艺制作等,通过传统文化活动平台,使人民群众可以参与其中,了解不同的传统文化,如文学、艺术、历史、哲学等方面。通过这些活动,激发人民群众对传统文化的兴趣,提升人民群众对传统文化的热爱,促使参与者主动学习和传承中华优秀传统文化。

各地亦可以利用春节、元宵、清明、端午、中秋等传统节日,深入开展"品读经典""读书节"等文化主题活动,引导广大人民群众诵读中华优秀传统文化经典名著。

八、以对外宣传为渠道

提升国家文化软实力,努力增强国际话语权的最有效的方式之一,就是以中华优秀传统文化为内容,创新文化"走出去"的表达方式,向世界宣传中国文化。

习近平总书记指出:"加强国际传播能力建设,全面提升国际传播效能,形成同我国综合国力和国际地位相匹配的国际话语权。深化文明交流互鉴,推动中华文化更好走向世界。"[①]中华优秀传统文化具有厚重的历史底蕴和文化积淀,向世界人民讲好中国故事、传播好中国声音,必须要创新中华优秀传统文化对外传播方式,通过主题盛会、文艺会演等活动,以及宣传片、吉祥物、电影、音乐等优秀文化作品,提炼中华优秀传统文化的价值符号标识,展现可亲、可爱、

---

① 习近平:《高举中国特色社会主义伟大旗帜 为全面建设社会主义现代化国家而团结奋斗:在中国共产党第二十次全国代表大会上的报告》,《人民日报》2022 年 10 月 26 日。

可敬的中国形象,传递美美与共的价值理念,凸显中华优秀传统文化的当代价值。

中华优秀传统文化是中华文明的智慧结晶,根植于中华民族的灵魂深处,对中华优秀传统文化的创新性表达,使中华优秀传统文化融入时代、走向世界,让亲和力更强、科技感更足、感召力更大的特点成为新时代中华优秀传统文化的新活力,使中华优秀传统文化不仅成为我国治国理政的重要思想来源,也成为构建和谐世界的精神支撑。

第五章　中华优秀传统文化与社会主义核心价值观

第一节　中华优秀传统文化与社会主义核心价值观二者之间的关系

中华优秀传统文化是中华民族的精神命脉,是涵养社会主义核心价值观的重要源泉。习近平总书记指出:"中华优秀传统文化已经成为中华民族的基因,植根在中国人的内心,潜移默化影响着中国人的思维方式和行为方式。今天,我们提倡和弘扬社会主义核心价值观,必须从中汲取丰富营养,否则就不会有生命力和影响力。"①党的十九大报告也强调指出:"深入挖掘中华优秀传统文化蕴含的思想观念、人文精神、道德规范,结合时代要求继承创新,让中华文化展现出永久魅力和时代风采。"②

---

① 习近平:《青年要自觉践行社会主义核心价值观:在北京大学师生座谈会上的讲话》,《人民日报》2014 年 5 月 5 日。

② 习近平:《决胜全面建成小康社会　夺取新时代中国特色社会主义伟大胜利:在中国共产党第十九次全国代表大会上的报告》,《人民日报》2017 年 10 月 28 日。

一、中华优秀传统文化是滋养社会主义核心价值观的重要源泉

社会主义核心价值观是社会主义制度的本质反映，是当代中国精神的集中体现，凝结着全体中国人民共同的价值追求。

从时代发展角度看，社会主义核心价值观是引领当代中国发展进步的价值要求，是推动和实现中国特色社会主义事业新胜利的价值遵循，在新时代中国特色社会主义事业伟大实践中，必须牢牢坚持以社会主义核心价值观为引领，从社会主义核心价值观的国家、社会、公民三个倡导出发，推动新时代中国特色社会主义事业实现新飞跃，取得新胜利。

从历史的角度看，社会主义核心价值观与中华优秀传统文化有着密不可分的内在关联。博大精深的中华优秀传统文化积淀着中华民族最深沉的价值追求，蕴含着中华民族发展进步的精神基因，是涵养社会主义核心价值观的深厚源泉。

社会主义核心价值观体现了对中华优秀传统文化的继承和发展。中华文明绵延数千年，有其独特的价值体系。中国古代历来讲修身齐家治国平天下。这种以天下为己任的责任伦理，强调个人的命运与国家的命运紧密相连，要求在不断完善个人的同时，要兼顾社会和国家的多重责任。从一定意义上说，修身正己，是个人层面的价值追求，齐家是社会层面的价值追求，治国平天下是国家层面的价值追求。社会主义核心价值观，将个人价值追求与社会价值追求、国家价值追求有机融为一体，是对中华优秀传统文化的继承和发展。中华优秀传统文化中的"天人合一""仁者爱人"体现了社会主义核心价值观中"和谐"这一价值理念。中华优秀传统文化中的"言必行、行必果""君子一言、驷马难追"体现了社会主义核心价值观中"诚信"这一价值理念。中华优秀传统文化中的"天下兴亡、匹夫有责""大道之行、天下为公"体现了社会主义核心价值观中"爱国"这一价值追求。中华优秀传统文化中的"不患寡而患不均"体现了社会主义核心价值观中"平等"这一价值追求。中华优秀传统文化中"奉法者强则国强"体现了社会主义核心价值观中"法治"这一价值追求。

二、社会主义核心价值观是对中华优秀传统文化的继承和发展

社会主义核心价值观立足中华优秀传统文化，着眼于当今时代发展特征，借鉴人类文明优秀思想成果，体现了历史传承与时代发展的有机统一，把中华优秀传统文化中所蕴含的价值观提升到一个崭新高度。

"自由、平等、公正、法治"社会层面的社会主义核心价值观，从中华优秀传统文化中吸收营养，借鉴人类文明优秀思想成果，彰显了人民主体地位。第一，坚持以人为本，在经济社会发展实践中，坚持以实现好、维护好、发展好最广大人民群众根本利益为一切工作的出发点和落脚点，在推动经济社会发展的同时，促进人的全面自由发展。第二，坚持维护公平正义，在经济社会发展中，充分保障人民平等参与、平等发展的各项权利，努力构建公平和谐的社会环境，实现改革发展成果由人民所共享。第三，坚持依法治国基本方略，推进和完善中国特色社会主义法律体系，依法保障人民各项权益，不断提高国家治理的法治化水平。

"爱国、敬业、诚信、友善"公民层面的社会主义核心价值观，以仁、义、礼、智、信等中华优秀传统价值观为基础，结合时代发展要求，进行创新升华，使爱国、敬业、诚信、友善的价值观具有了更加丰富的时代内涵和鲜明的时代特征。第一，将爱国主义与社会主义相结合，要求全体公民坚定中国特色社会主义共同理想，树立"功成不必在我，功成必定有我"的责任意识，坚定维护祖国统一，促进民族团结，将个人奋斗自觉融入中华民族伟大复兴历史征程中。第二，将职业态度与职业精神相结合，要求全体公民不仅要在自己的工作岗位上做到忠于职守、克己奉公，更要在自己的工作岗位上刻苦钻研、精益求精，更好服务国家、社会和人民。第三，将个体与多元相结合，中华优秀传统文化中的诚信，是个人修养的内在基础和根本要求，是个人人格完善和道德提升的关键要素，正如中华优秀传统文化所阐述，"信近于义""诚其意者，自修之首也"，社会主义核心价值观中的诚信价值准则，将个人道德准则进一步拓展为社会和国家层面的道德准则。诚信，不仅强调个人道德自律，实现个体人的道德自觉，更要求将人与人之间的诚实守信作为基本行为规范，谋求社会共同体的和谐相处。社会主义市场经济中的诚信，要求不同市场交易主体依照平等的市场法则，进行公平

市场交易,契约和法律是维护公平市场交易的基本法则,各类交易主体的道德自律是确保平等市场交易的内在基础。社会主义核心价值观中的诚信,强调人与人之间相互信任、平等友善,注重形成和谐相处的人际交往伦理,是社会主义制度优越性在人际关系方面的重要体现。

第二节　以中华优秀传统文化涵养社会主义核心价值观

中华优秀传统文化是中华民族的"根"和"魂",为社会主义核心价值观提供了深厚文化滋养。培育和弘扬社会主义核心价值观,必须立足中华优秀传统文化。

中华优秀传统文化,是中华民族特有性质的反映,是中华民族精神魂魄的标识,是我国在世界文化激荡中站稳脚跟,矗立于世界民族之林的根本所在。中华优秀传统文化中所蕴含的核心价值观,是在中华民族发展实践史中长期发挥作用的价值精华,涵养社会主义核心价值观,如果抛弃了中华优秀传统文化,无异于放弃自己的根本,难以把握和阐明社会主义核心价值观的价值根源。

一、旨在增强文化自信和价值观自信

中华优秀传统文化,是在中华民族长期发展实践中形成、积累和沉淀下来的文化资源,其中蕴含着中华民族特有的精神标识、中华民族鲜明的价值追求。中华优秀传统文化是中华民族文化自信、价值自信的根本所在。

以中华优秀传统文化涵养社会主义核心价值观,就是要从中华优秀传统文化中挖掘价值素材,从古人先贤所说的"立德、立动、立言"中汲取智慧,使之成为涵养社会主义核心价值观的源头活水,使全体人民深刻理解社会主义核心价值观与中国优秀传统文化之间的文化渊源、价值渊源。

作为中华民族最深层的精神追求和最根本的精神基因,中华优秀传统文化与社会主义核心价值观文脉相通、血脉相连。以中华优秀传统文化涵养社会主义核心价值观,有助于进一步增强全体人民的文化自信、价值观自信,坚定全体人民走中国特色社会主义道路的信心。

二、有助于走好"中国道路"

中国道路,即中国特色社会主义现代化建设道路,是符合中国国情的社会主义现代化建设道路,在中国特色社会主义建设伟大实践中发挥出了巨大优势,取得了巨大成就。

在利益多元分化、价值多元趋势日益明显的当下,如果缺乏价值自信和文化坚守,将难以明确中国特色社会主义道路的目标,难以发挥中国特色社会主义道路的优势。

以中华优秀传统文化涵养社会主义核心价值观,有助于破解各种历史虚无主义和文化虚无主义的侵扰,明辨西方价值观的危害,坚守社会主义建设的根本方向,维护最广大人民的根本利益,在全体人民中间培育广泛、一致的价值认同,进一步推进中国特色社会主义事业提供根本价值引领和强大文化支撑。

三、有助于讲好"中国故事"

中国特色社会主义事业,是党领导人民历经千辛万苦,经过不懈探索,开创的符合中国国情的社会主义建设事业。在中国特色社会主义事业伟大实践中,我国取得了举世瞩目的伟大成就,面对来自西方国家的"中国崩溃论""中国威胁论"等话语偏见,想要向世人讲授中国发展的伟大成就,展现可爱、可亲、可敬的中国形象,为人类文明做出中国独特贡献,打造具有中国特色、中国风格、中国气派的话语体系,向世人讲好中国故事,传递好中国价值观。

社会主义核心价值观根植于中华优秀传统文化沃土,生成于中国特色社会主义伟大实践,汲取了马克思主义社会意识形态理论、中国特色社会主义理论、中华优秀传统文化、其他人类文明等多方面思想精华,具有先进性、创新性、时代性、开放性、广泛性、民族性等特征。涵养社会主义核心价值观的中华优秀传统文化,无疑是构建中国话语体系的文化支撑。

四、有助于丰富当代国家治理理念内涵

实现国家治理现代化,需要紧密结合时代发展要求,立足国家发展实际,围绕国家发展目标,不断丰富和创新国家治理理念。

　　以中华优秀传统文化涵养社会主义核心价值观，有助于丰富当代国家治理理念内涵。在国家层面倡导的"富强、民主、文明、和谐"，可以在中华优秀传统文化中寻找到其价值根源，比如"富强"是中华民族的千年夙愿，"民惟邦本"的政治理念和"民贵君轻"的民本思想体现了中华民族朴素的民主理念，"礼之用，和为贵"的儒家思想、"保合太和"的道家思想体现了古人追求和谐的思想境界。在社会层面倡导的"自由、平等、公正、法治"，也可以从中华优秀传统文化中寻找到其价值根源，比如"不患寡而患不均""等贵贱，均贫富"等，都反映了古代质朴的公平与平等观念。在个人层面倡导的"爱国、敬业、诚信、友善"亦可从中华优秀传统文化中寻找到其价值根源。

　　我国的历史传承和文化传统是社会主义核心价值观的重要养分，但如果不对传统文化资源进行批判性改造、重构和创新，也难以适应现代社会的发展要求。此外，我国的现代化进程是在同西方的交流和碰撞中开启的，始终面临着如何协调处理传统性与现代性、民族性与世界性的关系问题。因此，以中华优秀传统文化涵养社会主义核心价值观，要求既要面向传统，深入挖掘中华优秀传统文化中的有益文化资源和价值元素，又要面向现代、面向世界，深化对外交流，从中汲取有益资源，不断丰富、创新和发展其内核，使之成为丰富我国国家治理理念的重要价值依据。

第三节　社会主义核心价值观指引下的
国家建设经验总结

一、社会主义核心价值观相比于西方价值观的显著优势

　　社会主义核心价值观是一种崭新的价值观体系，相较于西方价值观，社会主义核心价值观具有自身优点和比较优势。

　　纵观西方现代化发展历程，经历了资本主义原始积累、自由竞争、垄断资本主义等阶段。在资本主义原始积累阶段，资本原始积累是通过对外武力侵略、殖民扩张，对内残酷的压榨和剥削的方式来实现的。资本主义生产方式确立起

来之后,资本主义的生产、分配、交换、消费,都是围绕实现资本增值这一目的来展开的。资本主义生产关系是建立在生产资料私有制之上,维护资产阶级统治的资本主义上层建筑,其主流意识形态和核心价值观集中表现为个人利益、物质利益至上,表现为利己损他的价值追求。依托西方价值观实施的资本主义国家治理,将必然加剧社会利益分化,进而产生国家治理领域中的各种矛盾,严重威胁到国家治理的安全。

资本主义制度下的国家治理,本质上是维护资产阶级利益和统治的治理,资产阶级与无产阶级之间的利益根本对立,在国家治理实践上表现为日益严重的利益分化和阶级对立。由于西方资本主义制度下的国家治理,是建立在阶级利益根本对立和不平等的人权体系基础上的治理,国家治理主体所秉持的价值观,本质上是以自私、利己、物质至上为基础价值观,是少数人的价值观,建立在个人利益至上基础上的人与人之间的关系,使人与人之间的关系脆弱不堪。"利益被升格为人类的纽带——只要利益仍然正好是主体的和纯粹利己的——就必然会造成普遍的分散状态,必然会使人们只管自己,使人类彼此隔绝,变成一堆相互排斥的原子。"①

要从根本上摆脱资本主义国家在国家治理中所存在的狭隘、自私等痼弊,解决资本主义国家治理导致的利益日益分化、阶级日益对立的矛盾,必须从根本上改变形成这一价值观的经济基础,即生产资料的私有制。随着私有制生产关系的变革,作为思想上层建筑的西方价值观也必然随之发生改变,被全新的社会价值观所取代。

社会主义核心价值观,是基于生产资料公有制基础之上的价值观,体现和反映着大多数人的价值追求,具有能够团结和凝聚社会大多数人意志和力量的功能。

社会主义核心价值观将国家、社会、个人三者利益统一起来,强调个人奋斗要兼顾国家和社会利益,国家和社会建设又为每一个人的自由和全面发展创造了根本条件。由于社会主义核心价值观从国家、社会、个人三者利益统一的角度,提出了价值观建设要求,国家建设、社会建设和公民价值观培育就有了明确

---

① 《马克思恩格斯文集》第一卷,人民出版社 2009 年版,第 94 页。

价值遵循,依托社会主义核心价值观实施的国家治理就有助于兼顾国家、社会和个人利益,最大化地实现了国家建设、社会建设和公民个人发展三者的有机统一。

概言之,正因为社会主义核心价值观内含先进性、崇高性价值因子,超越了西方价值观的狭隘性、功利性和自私性,体现和反映大多数人的意志,树立与社会主义核心价值观相一致的国家治理理念,从根本上推动了国家治理理念的创新,在协调和平衡各种价值体系,正确处理国家、社会和公民三者之间关系,统筹兼顾、协调发展等方面提供了有益价值指导。

二、社会主义核心价值观指引下国家建设经验总结

社会主义核心价值观指引下的国家建设,即通过党领导人民,紧紧围绕建成“富强、民主、文明、和谐”的国家,构建“自由、平等、公正、法治”的社会,培育“爱国、敬业、诚信、友善”的公民三个层面价值目标来实践的。社会主义核心价值观指引下的国家建设经验,是通过党领导人民,紧紧围绕社会主义核心价值观的“三个倡导”价值目标,推动中国特色社会主义事业伟大实践,来体现和反映的。

(一)“富强”价值观指引下的国家建设经验总结

实现国家富强,是党领导人民推进社会主义建设事业始终不渝的价值追求。新中国成立初期,我国生产力水平极其落后,实现国家富强,首先要恢复国民经济,发展生产力,经过 1949—1956 年的经济建设,我国的工农业产值实现倍增,人民生活水平显著改善,尤其是经过三大改造后,在中国大地上建立起了社会主义制度。经过这一时期的经济建设,我国生产力虽然获得了巨大提升,但与富强这一价值目标仍相距甚远。

社会主义制度建立起来之后,党领导人民进行了社会主义建设道路的初步探索,在这一时期,我国建立起了比较完整的国民经济体系,国家的科技、教育、文化、体育等各项事业获得了长足发展,社会主义建设事业取得了伟大成就。虽然,经过这一时期的社会主义建设,但我国与世界上一些发达国家的差距仍然较大,要实现富强这一价值目标,仍然任重而道远。

20世纪80年代党领导人民在改革开放这一伟大征程中,创造了经济快速发展的奇迹,我国用短短几十年的时间走完了发达国家几百年走过的工业化历程,实现从新中国成立初期的一穷二白到一举跃居为世界第二大经济体的伟大飞跃,中华民族实现了从站起来到富起来的伟大转变。

党的十八大以来,以习近平同志为核心的党中央紧紧围绕富强这一价值目标,立足新发展阶段,贯彻新发展理念,推动经济社会高质量发展,科学布局、精准施策,集中力量打赢脱贫攻坚战,补短板、强弱项,解决了绝对贫困问题,如期全面建成小康社会,解决了实现中华民族伟大复兴征程中最为关键、棘手的问题,为富强价值目标的实现创造了根本前提。

党的二十大明确了中国共产党今后一个时期的中心任务,就是要团结带领全国各族人民,全面建成富强、民主、文明、和谐、美丽的社会主义现代化强国,以中国式现代化全面推进中华民族伟大复兴。党始终牢牢坚持以经济建设为中心不动摇,推动中国经济实现了由快向好、由富向强的历史性转变。

总结党领导人民围绕富强价值目标的国家治理实践经验,中国共产党始终牢牢坚持以经济建设为中心,推动中国经济实现由小到大、由弱到强的历史性转变。

(二)"民主"价值观指引下的国家建设经验总结

民主是中国特色社会主义的本质要求。中国特色社会主义民主,既是一个价值目标,更是一种政治实践,核心是人民当家作主。我国的国家治理体系和国家治理能力对民主价值目标实现的保障,可以反映在我国的民主建设实践中。从党的十八届三中全会提出推进国家治理体系和治理能力现代化,到党的十九届三中全会对党和国家机构改革做出全面规划和系统部署,推动了我国民主政治建设的快速发展。

1949年9月,中国人民政治协商会议通过的共同纲领,确定了人民代表大会制度这一体现和反映人民当家作主的根本政治制度,同时,在这次会议上,以共同纲领的形式确定了体现人民民主这一本质要求的民族区域自治制度。1949年9月,中国人民政治协商会议的召开标志着中国共产党领导的多党合作和政治协商制度的确立。至此,以人民代表大会制度为核心的社会主义政治制度体系得以确立,这是党领导人民推进民主价值目标实现的生动诠释。

中国特色社会主义政治道路,是在党的领导下,以人民当家作主为核心,以依法治国为根本保障。坚持党的领导,是保障人民当家作主各项权益,推进依法治国的根本前提,是走好中国特色社会主义政治发展道路的根本保证。党的十九大报告明确指出"党政军民学,东西南北中,党是领导一切的""党是最高政治领导力量",并提出"坚持和加强党的全面领导"的任务。

推进中国特色社会主义民主政治建设,必须重视和加强党的领导。党的十八大以来,党中央成立了多个领导小组,涉及多个领域,包括中央国家安全委员会、中央全面深化领导小组、中央网络安全和信息化领导小组、中央军委深化国防和军队改革领导小组、中央统战工作领导小组、中央全面依法治国委员会等,进一步加强了党的全面领导和党中央集中统一领导。

坚持党的领导,必须持之以恒重视和加强党的自身建设。针对党的十八届三中全会提出的"深化党的建设制度改革"重大命题和任务,党的十八届四中全会提出的"形成完善的党内法规体系"改革任务,深化了党的组织制度、干部人事制度等制度改革。修订和颁布《中国共产党章程》《关于新形势下党内政治生活的若干准则》《中国共产党党内监督条例》《中国共产党问责条例》《中国共产党廉洁自律准则》《中国共产党纪律处分条例》等一系列党内重要法规,使党的政治建设、思想建设、组织建设、作风建设、纪律建设和反腐败斗争在制度层面进一步落实。

习近平总书记指出:"我们的主要历史任务是完善和发展中国特色社会主义制度,为党和国家事业发展、为人民幸福安康、为社会和谐稳定、为国家长治久安提供一整套更完备、更稳定、更管用的制度体系。"①在围绕保障人民当家作主相关制度的改革与创新上,坚持和完善了人民代表大会制度,健全立法工作向党中央请示报告制度,推进协商民主广泛多层制度化发展,强化人民政协的民主监督职能,拓展协商民主渠道,深化行政体制改革,使保障人民当家作主的制度体系在改革中不断发展和完善。

围绕实现民主这一价值目标,推动党和国家机构改革迈出重大步伐。党的

---

① 习近平:《论坚持全面深化改革》,中央文献出版社 2018 年版,第 94 页。

十八届三中全会提出"完善党和国家领导体制,坚持民主集中制,充分发挥党的领导核心作用"。党的十九届三中全会确定深化党和国家机构改革的目标是"构建系统完备、科学规范、运行高效的党和国家机构职能体系,形成总揽全局、协调各方的党的领导体系,职责明确、依法行政的政府治理体系,中国特色、世界一流的武装力量体系,联系广泛、服务群众的群团工作体系……全面提高国家治理能力和治理水平"①。围绕民主价值目标,中国共产党协调推进党群机构改革,形成了适合新时代发展要求的党政群机构、事业单位新格局。

(三)"文明"价值观指引下的国家建设经验总结

建设中国特色社会主义,需要大力发展科学、教育和文化事业,加强公民的思想道德建设,用人类创造的优秀文明成果丰富人们的头脑,引导人民同一切愚昧落后无知等不文明现象做斗争,培养全面发展的中国特色社会主义新人,建设社会主义精神文明。

改革开放以来,党领导人民建设中国特色社会主义伟大实践中,坚持一手抓物质文明建设,一手抓精神文明建设,不断满足人民日益增长的物质、文化需要。人们的思想道德素质、科学文化素质显著提升,以马克思主义为指导的社会主义性质的先进文化不断繁荣和发展,社会主义精神文明建设水平显著提升。

进入 21 世纪,随着我国经济的快速发展和社会转型加剧,人们的价值观呈现出日益多元化趋势,在加强社会主义精神文明建设上,国家提出了社会主义核心价值体系这一价值建设要求,坚定全体人民的共同理想,筑牢全体人民的共同价值追求,并要求全体公民按照社会主义荣辱观这一价值标准,加强个人的道德建设。

党的十八大又在对社会主义核心价值体系继承、凝练和概括基础上,从国家、社会和公民三个层面提炼出二十四个字的社会主义核心价值观,成为全社会共同的价值指南。

---

① 《中国共产党第十九届中央委员会第三次全体会议文件汇编》,人民出版社 2018 年版,第 7 页。

中国共产党领导人民推进社会主义精神文明建设的过程中，高度重视对中华优秀传统文化的继承和创新。将中华民族历史长河中形成的优秀文化元素，结合时代发展需要，进行创造转化、创新发展，使讲仁爱、重民本、守诚信、崇正义、尚和合、求大同的中华优秀传统价值观焕发出新的生机与活力。

革命红色文化，孕育形成于革命战争年代，反映并体现党领导人民打碎旧世界，建立新世界的革命追求，蕴涵着不怕流血、不怕牺牲，革命理想高于天的大无畏精神。传承和弘扬红色革命文化，就是传承和弘扬红色革命文化中所蕴含的坚定理想信念、坚守初心使命、坚持真理、不畏艰险、不怕流血、不怕牺牲的红色革命精神，并与我国时代发展要求紧密契合，为我国各项事业发展提供强大精神力量。

从党领导人民加强精神文明建设历程看，无论是革命时期、建设时期、改革时期，还是中国特色社会主义新时代，中国共产党都高度重视精神文明建设，推动了社会主义精神文明建设在理论与实践上不断取得新成就，有效发挥了各个历史时期，精神文明建设在统一思想、凝聚力量上的强大作用。

（四）"和谐"价值观指引下的国家建设经验总结

和谐价值目标的实现程度，是国家治理成效的重要标志。自人类社会产生以来，对和谐价值目标的追求就是一种重要价值取向。马克思主义唯物史观认为，人类社会形态经历由低到高依次递进的发展过程，共产主义社会是人类理想社会形态，建立在高度发达的生产力基础之上。在共产主义社会中，每个人的自由发展将为其他人的自由发展创造条件，生产资料的公有制从根本上消除了阶级等级上的差别和由此带来的人与人之间的各种不平等剥削与压迫，取而代之的是人与人之间的和谐相处。由此可见，实现完全彻底的和谐价值目标，需要以生产力高度发达为物质基础，需要生产资料公有制这一生产关系为根本条件。

我国在推动和谐社会价值目标的实现中，从实际出发，回答了我国要构建一个什么样的和谐社会，以及怎样构建这样的和谐社会问题。我国要构建的和谐社会，是"民主法治、公平正义、诚信友爱、充满活力、安定有序、人与自然和谐相处"的社会。

社会主义和谐社会,体现并反映人与人之间、人与社会之间、人与自然之间三个层面的和谐关系。要构建起这样的和谐社会,需要运用法律制度来规范和明确人们相应的权利和义务,用法律来调节各种社会关系,在全社会形成遵纪守法的意识和风气。

要构建起这样的和谐社会,需要国家治理主体,运用各种治理手段,制定公平正义的社会规则,营造公平正义的社会环境,妥善协调各方利益关系,正确处理各类社会矛盾。

要构建起这样的和谐社会,需要参与社会治理的各类主体诚实守信、平等友爱、互帮互助,形成融洽相处的人际环境。

要构建起这样的和谐社会,需要调动一切积极因素,使一切有利于社会进步的创造愿望都得到尊重,创造才能都得到发挥,创造成果都得到肯定,使整个社会在持续创造中充满生机和活力。

要构建起这样的和谐社会,需要建立有效的社会矛盾调处机制,整合社会各类资源,建立有效的社会治理机制,维护社会的和谐稳定。

要构建起这样的和谐社会,需要全体公民树立起尊重自然、顺应自然、保护自然的生态文明理念,建设资源节约型、环境友好型社会,统筹人与自然之间的关系,实现经济、社会、生态的可持续发展。

党领导人民在促进和谐价值目标实现的过程中,始终坚持以人民为中心的发展思想,坚持发展为了人民、发展依靠人民、发展成果由人民共享,坚决打赢脱贫攻坚战,打赢蓝天、绿水、净土保卫战,如期全面建成小康社会,推动全体人民不断向共同富裕目标迈进。坚持推动经济社会高质量发展,持续深化供给侧结构性改革,立足新发展阶段,贯彻新发展理念,构建新发展格局,推动经济社会发展由重数量向重质量和效益转变。

总体上看,党领导人民在国家治理中,致力于推动和谐价值目标的实现。从党领导人民推动和谐价值目标所采取的具体举措和所取得的治理成果上看,治理成效显著。

(五)"自由"价值观指引下的国家建设经验总结

自由是马克思主义的终极追求,也是社会主义的内在逻辑。共产主义社会形态,是实现人自由最有效的社会形态,自由价值目标的实现,需要以生产力的高度发达为基础,创造实现人自由而全面发展的物质条件。

自由是改革和发展的源头活水,是发展和完善社会主义市场经济体制的内在要求。人的自由实现程度,与其所处的社会制度和环境密切相关,在存在阶级对立和剥削压迫的社会制度下,公民个体不可能实现真正意义上的自由。

近代资产阶级在推翻封建专制统治过程中,在实现公民基本权利和自由方面做出了贡献,但自由绝不是资本主义制度的专利,而是人类政治文明发展的有益成果,亦是社会主义追求的价值目标。资本主义制度所保障的公民自由,仅限于在政治和法律上保障公民基本权利不受干涉的消极形式的自由,社会主义制度下的公民自由,从根本上有别于资本主义制度下的自由,是以公民基本权利为保障,包括发展自由、自我价值实现自由等在内的广泛、实质的自由。

社会主义核心价值观中的自由,是以公有制为基础,包含人的基本政治、经济权利,包括自我价值实现、自我发展更广泛的自由。社会主义核心价值观中的自由是以每一个公民全面发展为目标的自由,是建立在"以人为本"基础上的自由。"以人为本"科学表达了社会主义条件下人自由而全面发展的价值意蕴。以人为本,强调要以人民的利益为发展归宿,以造福人民为一切工作的宗旨,以实现人的全面发展为根本目的,是促进"人自由而全面发展"目标实现的价值指归。

社会主义核心价值观中的自由,是建立在爱国主义、集体主义基础之上的自由。资本主义制度所强调的自由,更多体现为一种个人自由,可追求与个人利益相符的一切事物。西方资本主义制度下所倡导的自由,"其实质是少数有产者的自由,而非'表现为普遍权利'的全面的自由,对于广大受剥削与压迫的无产阶级来说却只是形式上的、虚伪的自由"①。社会主义核心价值观中所倡导的自由,是建立在国家、社会和个人三者利益一致基础之上的自由,注重对中华传统价值观念中的爱国主义、集体主义精神的倡导,蕴涵着对祖国的自豪感、归属感,对集体的荣誉感、责任感。这种爱国主义、集体主义情怀,是社会主义自

① 段妍:《社会主义核心价值观中"自由"真谛及其实现路径》,《理论探讨》2016 年第 2 期。

由的情感基础,是实现全体人民自由而全面发展的精神支柱。

中国经济体制转型的各项改革举措的实施,为中国经济发展注入了新动能,增添了新活力。一系列改革举措的实施改变了对生产力发展产生阻碍的体制、机制,将生产力从传统的束缚中解放出来,使生产力在新体制机制下获得了更大自由发展空间。

改革开放后,随着我国物质文明领域建设取得的巨大成就,人民的收入水平、生活水平也获得了巨大改善与提升。我国所取得的巨大发展成就,为实现人的自由而全面发展创造了重要物质条件。

党的十八大、十八届三中全会、十八届四中全会制定的各项改革目标,推行的各项改革举措,不断完善和发展了中国特色社会主义制度,实现了经济、政治、文化、社会、生态各领域建设的新成就,为每个人的自由而全面发展创造了更多机会和可能。

(六)"平等"价值观指引下的国家建设经验总结

"平等"是指人们在社会上处于同等的地位,在政治、经济、文化等各方面享有同等的权利。马克思指出:"一切人,或至少是一个国家的一切公民,或一个社会的一切成员,都应当有平等的政治地位和社会地位。"①

在如何实现平等这个问题上,恩格斯从唯物史观角度出发,认为平等的实现程度与社会生产力发展水平息息相关,并认为"权利永远不能超出社会的经济结构以及由经济结构所制约的社会的文化发展"②。恩格斯还从唯物史观出发,认为私有制是导致不平等问题的根源。

以私有制为基础的一切社会形态,必然存在相互对立的剥削阶级和被剥削阶级、统治阶级与被统治阶级。由于剥削阶级与被剥削阶级,在利益上是根本对立的,这必然导致剥削与压迫现象的存在,在这样的社会形态中,人与人之间缺乏实现平等的经济基础和社会条件。平等价值追求,在存在等级对立和阶级差别的社会形态中只能沦为一句空话。

---

① 《马克思恩格斯选集》第三卷,人民出版社 1995 年版,第 440 页。
② 《马克思恩格斯选集》第三卷,人民出版社 1995 年版,第 12 页。

社会主义制度为实现平等奠定了经济基础、制度基础,为实现平等创造了有利条件。社会主义制度摆脱了私有制的束缚和羁绊,将生产资料建立在全体人民共同占有基础之上,实现了人与人在生产、分配、交换和消费各环节中的平等。邓小平的社会主义本质论明确提出,社会主义的本质,是解放生产力、发展生产力,消灭剥削,消除两极分化,最终达到共同富裕。这反映出社会主义制度的根本价值取向,是要消灭剥削和压迫,最终实现人与人之间的平等。

党的十六届六中全会做出的《关于构建社会主义和谐社会若干重大问题的决定》指出:"社会公平正义是社会和谐的基本条件,制度是社会公平正义的根本保证。必须加紧建设对保障社会公平正义具有重大作用的制度,保障人民在政治、经济、文化、社会等方面的权利和利益。"[①]

公民的平等权,是所有公民依据宪法和法律规定,享有同等的权利并承担同等的义务。《中华人民共和国宪法》第三十三条规定中华人民共和国公民在法律面前一律平等,凸显了以制度维护平等的鲜明特质。

党领导人民在建设中国特色社会主义事业征程中,力争使改革发展成果更多、更公平地回馈到全体人民当中去,使全体人民共享改革发展成果。在党领导人民实现中华民族伟大复兴征程中,全体中国人民共同享有人生出彩的机会、共同享有梦想成真的机会、共同享有同祖国和时代一起成长和进步的机会。机会平等作为通往社会正义的路径,生动诠释了全体中国人民对平等的朴素追求。

(七)"公正"价值观指引下的国家建设经验总结

"公正",反映社会生活中人们的权利和义务、作用和地位、行为和回报之间的某种相适应的关系。社会主义核心价值观所倡导的公正,指的是社会公正地回报个人所做出的牺牲和奉献,恰当地分配社会成员之间的权利和义务。

社会主义制度是一个把公平和正义作为核心价值取向的社会形态,实现社会公平正义,是中国共产党人一贯的主张和追求。社会主义基本制度的确立,

---

① 《中共中央关于构建社会主义和谐社会若干重大问题的决定》,《人民日报》2006年10月19日。

为实现社会公正提供了政治前提和制度基础,党的十八届三中全会特别强调,"要促进社会公平正义深化社会体制改革","让一切创造社会财富的源泉都充分涌流,让发展成果更多更公平惠及全体人民"。

实现社会公正,必须建立公正规则,以此充分调动全体人民的积极性、主动性和创造性,最大限度地集中全社会、全民族的智慧和力量,使改革发展成果更多、更公平地回馈到广大人民群众当中,以保证和实现劳动付出与劳动回报相对等。

党在领导人民围绕公正价值目标实施的国家治理实践中,不断改革和完善中国特色社会主义制度,全面推进"五位一体"总体布局,协调推进"四个全面"战略布局,着力探索具有中国特色社会主义公正理念、规则和实现体系。全面推进中国法治建设,坚持科学立法、严格执法、公正司法、全面守法,尤其是司法改革,使每一个司法案件都经受得住历史检验,彰显公平正义。公正价值的感召力、引领力不断增强,全体人民对公正价值的感受度越来越真实立体,国家围绕公正价值目标实施的治理成效显著。

(八)"法治"价值观指引下的国家建设经验总结

依法治国是国家治理的根本方略,是国家治理现代化的重要标志。回顾历史,新中国成立前夕,党领导人民制定了《中国人民政治协商会议共同纲领》。中华人民共和国成立初期,制定并颁布了《中华人民共和国婚姻法》《中华人民共和国土地改革法》。1956年,《中国共产党第八次全国代表大会关于政治报告的决议》明确提出:"我们目前在国家工作中的迫切任务之一,是着手系统地制定比较完备的法律,健全我们国家的法制。"1978年,党的十一届三中全会公报明确提出:"为了保障人民民主,必须加强社会主义法制,使民主制度化、法律化……做到有法可依,有法必依,执法必严,违法必究。"在推进社会主义市场经济建设过程中,重视以法律形式确立经济领域的基本规范,强调市场经济就是法治经济,不断推进中国特色社会主义法制建设水平,迈向新的台阶。

1997年党的十五大报告提出:"依法治国,是党领导人民治理国家的基本方略,是发展社会主义市场经济的客观需要,是社会文明进步的重要标志,是国家长治久安的重要保障。"2011年10月,国务院发布《中国特色社会主义法律体系》白皮书,正式宣告中国特色社会主义法律体系已经形成。

随着中国特色社会主义进入新时代,全面深化改革,推进国家治理体系和治理能力现代化,成为发展和完善中国特色社会主义的必然要求。习近平总书记指出:"法律是治国之重器","没有全面依法治国,我们就治不好国,理不好政"。党的十八届三中全会提出"推进法治中国建设"。党的十八届四中全会通过《中共中央关于全面推进依法治国若干重大问题的决定》,对加强中国特色社会主义法治体系建设,加快建设社会主义法治国家做出具体部署。党的十九大提出必须把党的领导贯彻落实到依法治国全过程和各方面。党的二十大进一步强调,坚持全面依法治国,推进法治中国建设。从党领导人民推进法治建设历程中,可以反映出党在国家治理中高度重视"法治"手段,也表明"法治"价值追求在国家治理中的有效性。

(九)"爱国、敬业、诚信、友善"价值观指引下的公民素质培育经验总结

爱国、敬业、诚信、友善,公民层面的社会主义核心价值观在国家治理中的成效,体现并反映在公民道德建设实践之中。

新中国成立以来,我国在公民道德建设过程中取得了巨大成绩,为国家治理的有效开展提供了重要保障。中华人民共和国成立之初,我国公民道德建设的目标是培养具有共产主义道德觉悟的社会主义新人。毛泽东认为社会主义新人的标准是"又红又专",而政治是第一位的。在培养又红又专社会主义新人过程中,党和政府把弘扬中华民族精神、共产主义道德精神和中国革命道德规范作为公民道德建设的重点内容。其中,中华民族精神是历经千年淬炼形成的以爱国主义为核心,以团结统一、勤劳勇敢、爱好和平、自强不息为特征的伟大民族精神。共产主义道德精神是建立在公有制生产资料基础之上的,以全心全意为人民服务为核心,以集体主义为基本原则的道德体系。中国革命道德是形成于革命年代的革命精神和道德品质。

改革开放后,公民道德建设以培育"四有"新人为目标,即有理想、有文化、有道德、有纪律。1996年党的十四届六中全会通过的《中共中央关于加强社会主义精神文明建设若干重要问题的决议》,完整提出了以全心全意为人民服务为核心,以集体主义为原则,以"五爱"为基本要求的社会主义道德体系,从社会

公德、职业道德、家庭美德"三大领域",对公民道德建设内容进行了详尽阐述。

2001年,我国颁布了第一个关于公民道德建设的正式文件《公民道德建设实施纲要》,第一次明确了公民道德概念,规定了公民道德基本规范,即爱国守法、明礼诚信、团结友善、勤俭自强、敬业奉献。公民的核心价值观,是公民道德教育中居于主导地位,起支配作用的最关键、最重要的价值观。2006年围绕公民个人道德建设,提出了社会主义荣辱观。2012年党的十八大提出了二十四个字的社会主义核心价值观。

从我国公民道德建设发展历程看,党和政府高度重视公民道德建设,将公民道德建设作为国家治理中一项重要内容,抓紧抓实。从党和国家加强公民道德建设具体举措看,实现了从重视德性伦理到重视和加强德性伦理与制度伦理的双重维度,从强调以先进性为主到先进性和广泛性相结合,从以政府主导为主向以公民自治为主的转换。

第四节　以中华优秀传统文化涵养社会主义核心价值观的路径

培育和弘扬社会主义核心价值观必须要立足中华优秀传统文化,要强化教育引导、舆论宣传、文化熏陶、制度保证、实践养成,发挥好社会主义核心价值观对国民教育、精神文明创建、精神文化产品创作、传播上的引领作用。

一、正确处理"守"与"变"的关系

以中华优秀传统文化涵养社会主义核心价值观,要坚持辩证唯物主义和历史唯物主义,正确处理"守正"与"创新"之间的关系。

一方面,要深入挖掘中华优秀传统文化的价值内涵,构建中华优秀传统文化传承发展体系,大力传承和延续中华民族的思想精髓、精神基因、文化血脉,更好构筑中国精神、中国价值、中国力量。

另一方面,要推动中华优秀传统文化的创造性转化和创新性发展,做到古为今用、守正创新,去其糟粕、取其精华,不断赋予中华优秀传统文化新的时代

内涵,使中华优秀传统文化与当代文化相适应、与现代社会相协调,把跨越时空、富有永恒魅力、具有当代价值的文化精神传承和弘扬起来。

二、将中华优秀传统文化融入国民教育

要让全体人民真正将社会主义核心价值观内化于心、外化于行。首先,要让中华优秀传统文化进课堂、进课本。在各级各类学校中,推出有关弘扬中华优秀传统文化的读物,开展以中华优秀传统文化为主题的活动,开设中华优秀传统文化的必修课、选修课,在各级各类学校营造学习中华优秀传统文化的浓厚氛围。

其次,提高各级各类学校教师的中华优秀传统文化素养。教师对中华优秀传统文化的理解度会影响学生对中华优秀传统文化的认同度,要通过提高教师的传统文化素养,发挥好教师生动、形象地向学生传授中华优秀传统文化的根本功效。

最后,要加大各级各类学校校园传统文化宣传力度。要充分利用学校广播台、宣传栏、校刊校报等载体,加大中华优秀传统文化的宣传力度,在校园内打造中华优秀传统文化无时不在、无时不有的文化环境,使学生在中华优秀传统文化的宣传环境和氛围中加深对中华优秀传统文化的理解和认同。

三、提高教育主体的教育力

教育力,简言之就是教育主体在从事教育工作中所应具备的素质和能力。教育主体在中华优秀传统文化培育中的能力和素质,决定着中华优秀传统文化的培育效果。

教育主体在中华优秀传统文化培育中的教育力,首先,来自教育主体对中华优秀传统文化的高度自信、高度认同。这就需要教育主体首先深刻领悟中华优秀传统文化的内涵,提炼和总结中华优秀传统文化中的价值、精髓和文化符号。教育主体要善用辩证思维,深入挖掘中华优秀传统文化中的逻辑理路和文化脉络,从中华优秀传统文化的形成背景和形成过程中完整、准确地理解其不同文化分支,以及各分支相互之间的内在联系,这是教育主体能够深刻、完整、系统、准确阐释中华优秀传统文化的重要条件。

其次,要根据教育对象的实际,运用针对性、差异化的教育方法,采用教育对象易于接受的教学用语,高质量实施教学。注重将情感教学与讲授教学、案例教学与启发教学、探究教学与滴灌教学有机结合起来,使教育对象易于接受和理解社会主义核心价值观的理论内涵和基本要义。

最后,要提高教师的传统文化素养,要面向教师开展中华优秀传统文化教育培训,全面提升教师队伍水平,引导广大学生更加全面准确地理解和认识中华民族的历史传统、文化积淀。

四、把握中华优秀传统文化涵养社会主义核心价值观的教育规律

运用中华优秀传统文化资源,开展社会主义核心价值观教育,必须要准确把握其内在规律。运用中华优秀传统文化开展社会主义核心价值观教育的目的是使受教育者更易于理解和接受社会主义核心价值观。

运用中华优秀传统文化资源,开展社会主义核心价值观教育,实现社会主义核心价值观被人们所认知、理解、内化、践行,是一个逐步递进、螺旋上升的过程。中华优秀传统文化滋养社会主义核心价值观教育,应根据教育对象的年龄结构、知识基础、家庭背景等条件,逐步培养教育对象对社会主义核心价值观的情感认同、理论认同、价值认同、实践认同。

情感认同,是价值主体从情感层面对社会主义核心价值观形成亲近感;是价值主体从感性认识层面对社会主义核心价值观的认同,在对价值主体社会主义核心价值观的情感认同培养中,要从历史和现实中挖掘和收集体现并反映社会主义核心价值观的真实教学素材,尤其是要注重对中华优秀传统文化中的资源挖掘,使之成为激发价值主体内心情感,塑造价值主体情感认同的源头活水。

理论认同,是建立在情感认同基础之上的第二个认同阶段,需要价值主体通过理性思考,形成对社会主义核心价值观的认同。这一阶段需要教育主体,运用中华优秀传统文化资源,准确阐释中华优秀传统文化与社会主义核心价值观二者之间辩证的关系,准确阐释社会主义核心价值观中的价值来源和价值内涵,使价值主体通过学习、思考,逐步达到对社会主义核心价值观的深度理解和把握,即从认识程度上,实现由感性向理性的飞跃。

价值认同,是在情感认同、理性认同基础上,进一步对社会主义核心价值观

认识的深化,即将社会主义核心价值观内化为价值主体的价值立场、价值追求。相比于理性认同阶段,价值认同阶段表现为价值主体对社会主义核心价值观的认同度进一步提高,一旦价值主体从内心深处形成对社会主义核心价值观的价值认同后,就会成为价值主体正确认识和处理个人与社会、国家之间关系的根本价值遵循,成为价值主体选择、辨别、判断是非曲直的根本价值标准。

实践认同,即价值主体在对社会主义核心价值观的实践运用中,进一步强化对社会主义核心价值观的认同。可以通过实地参观、深入访谈或创设运用社会主义核心价值观的实践场景,增强价值主体对社会主义核心价值观的实践感悟,从而推动社会主义核心价值观从实然转向应然,使社会主义核心价值观的价值在实践中得以实现。

五、打造专业化的教育队伍

社会主义核心价值观在实践中的贯彻落实,需要以大众能听得懂的声音,用大众能接受的方式,进行专门的解读,才能达到预想的效果。因此,组建一支有理想、有热情、有经验,具有良好文化素质和沟通交流能力的教育宣传队伍十分重要。

建立面向国家工作人员专业性的社会主义核心价值观教育团队。党政部门的国家工作人员是国家治理的核心主体,提高这一部分人员社会主义核心价值观的理解力、感悟力,是推动社会主义核心价值观向国家治理实践转化的重要抓手。通过建立社会主义核心价值观专业教育团队,面向党政部门国家工作人员,经常性地开展社会主义核心价值观教育,加深党政国家工作人员对社会主义核心价值观和国家治理的认识和理解,增强运用社会主义核心价值观引领国家治理的工作实践能力。

着力培养新闻媒体领域社会主义核心价值观宣传工作队伍。新闻媒体是面向广大人民群众,开展新闻传播、媒体报道的主阵地,具有受众面广、影响力大的特点。通过新闻媒体广泛、深入地进行社会主义核心价值观传播、报道,讲好中国故事,传播好中国声音,有助于营造积极健康向上的正向舆论环境,增强民众认同,增进人民团结。培养新闻媒体领域社会主义核心价值观宣传工作队伍,运用新闻媒体载体,遵循新闻媒体宣传规律,积极报道宣传模范践行社会主义核心价值观的各类事迹,不断提高广大人民群众的思想觉悟。

加强文化领域社会主义核心价值观创作工作队伍的建设。文化在提高人民的思想觉悟、道德水平、价值素养上具有重要的作用,文化通过作用于人们的思想意识,潜移默化地影响人们的价值观。任何文化都内含某种特定的价值观,发展和繁荣以何种价值观为内核的文化,不仅关系着文化本身的竞争力,也决定着文化在一国发展中的作用。推进国家治理现代化,需要繁荣和发展以社会主义核心价值观为内核的社会主义先进文化,在满足人民精神文化需求的同时,为国家发展、社会进步提供强大精神动力。文化创作者,必须坚持马克思主义这一根本指导思想,坚持为社会主义服务、为人民服务的根本方针,坚持以社会主义核心价值观为内核,传承中华优秀传统文化,继承革命文化,繁荣和发展改革创新文化,不断丰富人民的精神食粮,在全社会营造积极向上的文化氛围,发挥文化对人民正确价值观的塑造作用。

注重加强教师队伍建设。教师是对各类学生进行社会主义核心价值观教育,引导学生形成正确世界观、人生观、价值观的主体。高素质、高质量的教师队伍,直接关系着对各类学生价值观的培育成效。加强教师队伍建设,首先要加强教师的师德师风建设。博学为师、德高为范,教师的师德师风、一言一行都对学生产生潜移默化的影响,教师必须要成为社会主义核心价值观的率先垂范者、模范践行者,才能对学生发挥榜样示范和道德引领作用。

六、丰富教育载体

载体是能够承载和传递相关内容信息的外在形式。以中华优秀传统文化滋养社会主义核心价值观,就是要推动中华优秀传统文化与新媒体、新技术相融合,建设中华优秀传统文化网络教育平台,打造培育和践行社会主义核心价值观的有效载体,促进传播路径更加多元化发展。

现代信息技术的快速发展,使依托信息技术手段增强社会主义核心价值观宣传教育的形象性、生动性、灵活性具有现实可能。微信、微博、抖音、快手等网络平台,为各类以影视作品、诗歌散文、小说戏剧等形式存在的文化和以短视频形式存在的信息提供了崭新传播路径。以影视作品、诗歌散文、小说戏剧、短视频等形式存在的文化信息,有利于将社会主义核心价值观抽象价值元素形象化、生动化,将社会主义核心价值观的凝练内涵通过图文并茂、生动形象、通俗易懂的表达方式普及和传播到广大人民群众当中去,进而增强广大人民群众对社会主义核心价值观的认知、认同。

丰富教育载体,要运用现代信息网络技术,传播与国家建设相关的政策法规、思想理论、价值观念、道德规范,掌握网络舆论主动权和话语权,传播正能量,营造社会主义核心价值观无时不有、无处不在的舆论氛围。要运用现代信息技术手段,广泛、深入宣传中国特色社会主义理论与实践成果,增强网络信息平台的交互性,及时掌握广大人民群众的思想动态,加强网络生态治理,管控网络舆情,对网络中各种错误思想观念、不良社会情绪,及时发现、疏导,维护网络安全。

七、创新教育形式

用中华优秀传统文化滋养社会主义核心价值观,要避免理论灌输和口头说教的方式,要运用能够让人们感受得到、领悟得深的方式方法,提高社会主义核心价值观教育宣传实效。

要注重深入挖掘传统文化的精髓,深入阐发中华优秀传统文化讲仁爱、重民本、守诚信、崇正义、尚和合、求大同等核心思想理念,注重传统价值理念的丰富性、全面性和系统性,为推动社会主义核心价值观在最广泛意义上形成普遍社会价值共识,建立深厚文化基础。

发挥榜样示范效应。榜样的力量是无穷的,深入挖掘践行社会主义核心价值观的模范典型、生动素材,广泛、深入的报道、宣传,使广大人民从内心深处感受到榜样就在身边,生动、立体地感悟社会主义核心价值观的价值真谛。

要通过实地参观、诗歌朗诵会、微电影、舞台剧等社会主义核心价值观教育新形式,有机融入中华优秀传统文化元素,增强教育吸引力,提高学生参与度,切实提高社会主义核心价值观教育实效。

八、推动中华优秀传统文化融入人们的日常生活

习近平总书记指出:"培育和践行社会主义核心价值观,贵在坚持知行合一、坚持行胜于言,在落细、落小、落实上下功夫。要注意把社会主义核心价值

观日常化、具体化、形象化、生活化,使每个人都能感知它、领悟它,内化为精神追求,外化为实际行动,做到明大德、守公德、严私德。"①以中华优秀传统文化滋养社会主义核心价值观,必须将中华优秀传统文化与人们的日常生活结合起来,使之成为人民日常生活的价值理念和行为规范。

社会主义核心价值观只有深深植入民众的思想深处,内化为民众的价值追求,才能外化为民众的价值遵循。民众在接受社会主义核心价值观之前,对其进行价值认知是必要的。

价值认知,即通过认知的方法获得价值认识的过程。价值认知是价值认同的前提和基础,处于感性认识的低级阶段,只有在感性认识基础上,通过思维活动对其进行初步了解和把握,并在推理、判断基础上进行价值评价、价值选择,才能从感性认知阶段上升到理性认同阶段。

实现民众对社会主义核心价值观的价值认知,可以从民众生活的点滴中寻找社会主义核心价值观落地生根的土壤。首先,可以充分发挥榜样的引领作用。典型模范是有形的正能量,是鲜活的价值观,是道德实践的榜样。树立践行社会主义核心价值观的典型模范,可以将社会主义核心价值观中抽象的价值准则变得生动具体,有助于增强民众从感性层面对社会主义核心价值观的认识和理解。为此,应在全社会寻找模范践行社会主义核心价值观的典型,深入开展典型模范宣传教育活动,使民众从学习典型模范的事迹中,升华思想、提升境界,从感性层面,增强民众对社会主义核心价值观的认识和理解。

其次,可以充分发挥精神文化产品的育人、化人作用。文化具有育人、化人的重要功能,能做到春风化雨、润物无声。用更多更好的优秀文艺作品、文化服务和文化活动,传递积极人生追求、高尚道德情操、崇高思想境界,生动形象地传播社会主义核心价值观,可以使民众更易于理解社会主义核心价值观。

最后,应重视和加强网络价值观建设。要适应互联网快速发展新形势,重视利用互联网、手机、移动客户端等信息平台,采用新技术,推出公益广告、动漫、微电影、游戏、小程序等易于在移动终端传播的文化产品,以社会主义核心价值观为主题,制作网民和青少年喜闻乐见的小作品,通过形象化、时尚化、故事化表达,增

---

① 《习近平关于社会主义精神文明建设论述摘编》,中央文献出版社2022年版,第109页。

强针对性和互动性,扩大社会主义核心价值观网上宣传的覆盖面和影响力。

价值认同,是指人们在自己的社会实践活动中能够以某种共同的价值观念作为标准规范自己的行动,或以某种共同的理想、信念、尺度、原则为追求目标,并自觉内化为自己的价值取向。相对于价值认知,价值认同具有全面性、深刻性等特点。因为它是较感性认知更进一步的理想认同,是经过理性思维和价值选择后趋于稳定状态的认同。实现民众对社会主义核心价值观,由感性认知向理想认同转换的关键,必须构建一系列认同路径和机制,唯有如此才能实现民众对社会主义核心价值观的价值选择、价值整合、价值提升,进而将其真正内化为自己的主导价值观。

实现民众对社会主义核心价值观的价值认同,一方面,需要各级党委和政府在政策制定、价值引导、监督规范上积极作为,站在文化认同和价值认同的高度上科学谋划、精准施策,教育引导人们传承中华传统美德,弘扬社会主义道德。另一方面,需要充分发挥各级党员干部的示范作用和家庭的基础作用,充分运用中华优秀传统文化中的道德资源,将中华优秀传统文化融入精神文明创建活动之中,吸引群众广泛参与,形成有利于传承和弘扬中华优秀传统文化的生活情景和文化氛围。

习近平总书记指出:"一种价值观要真正发挥作用,必须融入社会生活,让人们在实践中感知它、领悟它。要注意把我们所提倡的与人们日常生活紧密联系起来,在落细、落小、落实上下功夫。"①

民众对社会主义核心价值观的践行才是社会主义核心价值观嵌入日常生活的最终落脚点。社会主义核心价值观,也只有在实践中,才能发挥其价值力量。

立足新时代,以满足人民对美好生活需要为出发点和落脚点,对中华优秀传统文化的内涵加以补充、拓展、完善,使之成为涵养社会主义核心价值观的重要源泉。坚持将中华优秀传统文化与人民群众日用而不觉的共同价值观念融通起来,倡导美德健康新生活,推动社会主义核心价值观个人层面的价值追求融入人民群众的日常生活之中。

---

① 习近平:《习近平谈治国理政》,外文出版社 2014 年版,第 165 页。

九、强化舆论引导

习近平总书记指出："随着形势发展，党的新闻舆论工作必须创新理念、内容、体裁、形式、方法、手段、业态、体制、机制，增强针对性和实效性，要适应分众化、差异化的传播趋势，加快构建舆论引导新格局。"①社会主义核心价值观要为广大人民群众所认知、认同，在当代信息化时代条件下，舆论引导对于强化广大人民群众的认知、认同具有重要意义。

推动社会主义核心价值观融入国家治理，要通过行之有效的舆论引导，激发全体人民从内心形成对社会主义核心价值观的情感共鸣。情感共鸣是一种感性体验，是日常生活实践的升华与结晶。要使广大人民群众内心形成对社会主义核心价值观的情感共鸣，就必须改变对社会主义核心价值观进行舆论宣传的方式、方法，必须从理性的"宏大叙事"转化为感性的"生活叙事"，将抽象的理论用语转化为民众喜闻乐见的通俗用语，善于用生动、鲜活案例，阐释社会主义核心价值观，使宣传工作贴近民众的内心与情感，激发民众对社会主义核心价值观的情感共鸣。

要根据不同类型的舆论引导对象，采取富有针对性的舆论引导办法，以实现最佳舆论引导效果和价值观塑造目标。对于社会中的一些错误社会思潮，要采取批驳的办法引导舆论，剖析其错误本质，阐明其错误危害，通过舆论斗争以正视听，扭转舆论错向。针对社会中的一些正确社会思潮，要做好学术鉴别和学理剖析工作，为社会主义核心价值观有效引领社会思潮提供学理支撑。

针对碎片化网络信息传播态势，剖析碎片化网络信息之间的关联性，厘清其形成发展的内在逻辑，变碎片化为条理化。针对差异个体的差异认知，要采取差异化舆论引导策略，创新社会主义核心价值观话语表达方式，创造与网络时代相适应的多样化社会主义核心价值观传播载体，增强社会主义核心价值观传播的吸引力和感染力。

改革开放以来，伴随着社会转型，人们的心态也经历着复杂而深刻的变化，

---

① 《论学习贯彻习近平总书记新闻舆论工作座谈会重要讲话精神》，人民出版社 2016 年版，第 6 页。

面对市场环境下的竞争激烈、收入分配差距不断扩大,以及各种社会问题的出现,非理性的社会心态开始出现,偏激、负面、情绪化是其主要特征,这些非理性社会心态借助网络传播媒介,呈现出不断扩大和蔓延态势,这给舆论引导带来了严峻挑战。优化舆论引导的社会环境,需要采取切实的举措、有效的行动,及时主动回应社会关切,满足民众利益诉求,培育理性社会心态,增强民众对社会主义核心价值观的价值自信。

概言之,加强舆论引导推动社会主义核心价值观融入国家治理,既要运用传统媒体手段,通过新闻报道、公益广告、时政评论等形式,加强社会主义核心价值观的宣传引导,也要运用新兴媒体手段,通过短视频制作、直播互动等形式推动社会主义核心价值观的大众化,实现舆论宣传形式既有内容、有深度,又有趣味、有特色,形成系统社会主义核心价值观传播叙事体系,提升价值感召力、舆论引导力。

参考文献

[1] 班固.汉书[M].北京:中华书局,1999.

[2] 陈立.白虎通疏证[M].北京:中华书局,1994.

[3] 陈寿.三国志[M].北京:中华书局,1999.

[4] 程颢,程颐.二程集[M].北京:中华书局,2006.

[5] 邓小平.邓小平文选:第二卷[M].北京:人民出版社,1994.

[6] 丁志刚.如何理解国家治理与国家治理体系[J].学术界,2014(2):65.

[7] 董仲舒.春秋繁露[M].张世亮,等,译注.北京:中华书局,2012.

[8] 段妍.社会主义核心价值观中"自由"真谛及其实现路径[J].理论探讨,2016
    (2):16.

[9] 方勇,刘涛.庄子译注[M].上海:上海古籍出版社,2019.

[10] 格里·斯托克.作为理论的治理:五个论点[J].华夏风,译.国际社会科学
    杂志(中文版),2019(3):23.

[11] 顾炎武.日知录集释[M].北京:中华书局,2020.

[12] 韩愈.韩愈文集[M].钱伯城,译注.北京:中国国际广播出版社,2011.

[13] 韩振峰.社会主义核心价值观的基本内涵与重大意义[J].思想政治工作研
    究,2012(12):12.

[14] 韩震.中西方核心价值观有何不同[J].求是,2014(2):51.

[15] 何增科.理解国家治理及其现代化[J].马克思主义与现实,2014(1):11.

[16] 胡鞍钢.中国国家治理现代化的特征与方向[J].国家行政学院学报,2014

(3):7.

[17] 胡宝荣,李强.论社会主义核心价值观在社会治理中的作用[J].中国特色社会主义研究,2014(2):72.

[18] 胡锦涛.坚定不移沿着中国特色社会主义道路前进　为全面建成小康社会而奋斗:在中国共产党第十八次全国代表大会上的报告[N].人民日报,2012-11-09(1)。

[19] 黄怀信,张懋镕,田旭东.逸周书汇校集注[M].上海:上海古籍出版社,2007.

[20] 黄淮,杨士奇.历代名臣奏议[M].上海:上海古籍出版社,2012.

[21] 黄士毅.朱子语类汇校[M].徐时仪,杨艳,汇校.上海:上海古籍出版社,2018.

[22] 黄钊.论社会主义核心价值观同中华易学智慧的渊源关系[J].武汉大学学报(哲学社会科学版),2016(5):6.

[23] 姬昌.周易[M].杨天才,张善文,译注.北京:中华书局,2011.

[24] 纪昀,等.四库全书[M].北京:线装书局,2007.

[25] 贾谊.新书[M].方向东,译注.北京:中华书局,2012.

[26] 焦循.孟子正义[M].北京:中华书局,2018.

[27] 孔子.大学·中庸·孝经·忠经[M].颜培金,王谦,卢付林,注译.武汉:崇文书局,2015.

[28] 孔子.孝经全鉴[M].蔡践,解译.北京:中国纺织出版社,2016.

[29] 黎翔凤.管子校注[M].北京:中华书局,2019.

[30] 李林.依法治国与推进国家治理现代化[J].法学研究,2014(5):7.

[31] 李平.先秦法思想史论[M].北京:光明日报出版社,2013.

[32] 梁启超.饮冰室合集[M].北京:中华书局,1989.

[33] 刘安.淮南子[M].刘少影,译注.北京:中国工人出版社,2016.

[34] 刘俊文.唐律疏议笺解[M].北京:中华书局,1996.

[35] 刘书林.培育社会主义核心价值观的基本原则[J].思想理论教育,2013(3):15.

[36] 刘向.战国策[M].缪文远,罗永莲,缪伟,译注.北京:中华书局,2012.

[37] 陆永品.老子通解[M].北京:中央编译出版社,2015.

[38] 罗贯中.三国演义[M].北京:中国戏剧出版社,1982.

[39] 吕不韦.吕氏春秋[M].陆玖,译注.北京:中华书局,2011.

[40] 吕坤.呻吟语[M].王国轩,王秀梅,译注.北京:中华书局,2018.

[41] 马振清.马克思主义道德治理思想在国家治理方式中的理解[J].科学社会主义,2011(1):91.

[42] 毛泽东.毛泽东文集:第六卷[M].北京:人民出版社,1999.

[43] 毛泽东.毛泽东文集:第七卷[M].北京:人民出版社,1999.

[44] 毛泽东.毛泽东选集:第二卷[M].北京:人民出版社,1991.

[45] 毛泽东.毛泽东选集:第三卷[M].北京:人民出版社,1991.

[46] 毛泽东.毛泽东选集:第四卷[M].北京:人民出版社,1991.

[47] 门岿.中国历代文献精粹大典[M].北京:学苑出版社,1990.

[48] 欧阳询.艺文类聚[M].汪绍楹,校.上海:上海古籍出版社,1982.

[49] 商鞅.商君书[M].石磊,译注.北京:中华书局,2009.

[50] 双传学.社会主义核心价值观与国家治理现代化的契合性:基于软实力的一种考察视角[J].中国特色社会主义研究,2014(6):42.

[51] 司马光.资治通鉴[M].呼和浩特:远方出版社,2002.

[52] 司马迁.史记[M].北京:中华书局,1999.

[53] 苏洵.苏洵集[M].邱少华,注释.北京:中国书店出版社,2000.

[54] 孙钦善.论语新注[M].北京:中华书局,2018.

[55] 孙武.孙子兵法[M].陈曦,译注.北京:中华书局,2011.

[56] 塔尔科特·帕森斯.社会行动的结构[M].张明德,夏翼南,彭刚,译.南京:译林出版社,2003.

[57] 托克维尔.论美国的民主[M].董果良,译.北京:商务印书馆,2004.

[58] 脱脱,等.宋史[M].北京:中华书局,1999.

[59] 汪祖辉.双节堂庸训[M].先家善,主编.天津:天津古籍出版社,2016.

[60] 王安石.王安石集[M].北京:中国戏剧出版社,2002.

[61] 王符.潜夫论[M].马世年,译注.北京:中华书局,2011.

[62] 王诗宗.治理理论及其中国适用性:基于公共行政学的视角[D].杭州:浙

江大学,2009.

[63] 王世舜,王翠叶.尚书[M].北京:中华书局,2012.

[64] 王伟杰.社会主义核心价值观:国家治理体系和治理能力现代化的重要支撑[J].中共合肥市委党校学报,2017(3):46.

[65] 王先谦.荀子集解[M].北京:中华书局,2019.

[66] 王先慎.韩非子集解[M].北京:中华书局,2015.

[67] 王秀华,薛俊文,闫春晓.唯物史观视域下国家治理内涵辨析[J].职大学报,2019(4):46.

[68] 王学俭,郭绍均.关于社会主义核心价值观的几个重点问题:学习理解习近平总书记关于社会主义核心价值观的系列讲话[J].社会主义核心价值观研究,2016(1):85.

[69] 王震.司马法集释[M].北京:中华书局,2011.

[70] 魏明安,赵以武.傅玄评传[M].南京:南京大学出版社,2011.

[71] 魏徵.群书治要[M].天津:天津人民出版社,2015.

[72] 吴兢.贞观政要[M].骈宇骞,齐立洁,李欣,等,译注.北京:中华书局,2015.

[73] 吴兢.贞观政要集校[M].谢保成,译注.北京:中华书局,2003.

[74] 吴潜涛.培育和践行社会主义核心价值观重要意义的几点思考[J].思想教育研究,2015(2):8.

[75] 吴毓江.墨子校注[M].北京:中华书局,1993.

[76] 习近平.高举中国特色社会主义伟大旗帜　为全面建设社会主义现代化国家而团结奋斗:在中国共产党第二十次全国代表大会上的报告[N].人民日报,2022-10-26(1).

[77] 习近平.坚持依法治国和以德治国相结合　推进国家治理体系和治理能力现代化[N].人民日报,2016-12-11(1).

[78] 习近平.决胜全面建成小康社会　夺取新时代中国特色社会主义伟大胜利:在中国共产党第十九次全国代表大会上的报告[N].人民日报,2017-10-28(1).

[79] 习近平.开放共创繁荣　创新引领未来[N].人民日报,2018-04-11(3).

[80] 习近平.论党的宣传思想工作[M].北京:中央文献出版社,2020.

[81] 习近平.论坚持全面深化改革[M].北京:中央文献出版社,2018.

[82] 习近平.切实把思想统一到党的十八届三中全会精神上来[N].人民日报,
    2014-01-01(2).

[83] 习近平.青年要自觉践行社会主义核心价值观:在北京大学师生座谈会上
    的讲话[N].人民日报,2014-05-02(2).

[84] 习近平.推动构建人类命运共同体:关于新时代中国特色大国外交[N].人
    民日报,2019-08-14(6).

[85] 习近平.习近平谈治国理政:第二卷[M].北京:外文出版社,2017.

[86] 习近平.习近平谈治国理政[M].北京:外文出版社,2014.

[87] 习近平.习近平著作选读:第一卷[M].北京:人民出版社,2023.

[88] 习近平.携手构建合作共赢新伙伴,同心打造人类命运共同体[N].人民日
    报,2015-09-02(2).

[89] 习近平.在纪念五四运动 100 周年大会上的讲话[M].北京:人民出版
    社,2019.

[90] 习近平.在庆祝改革开放 40 周年大会上的讲话[M].北京:人民出版
    社,2018.

[91] 习近平.在庆祝中华人民共和国成立 70 周年大会上的讲话[M].北京:人
    民出版社,2019.

[92] 夏东元.郑观应集·盛世危言[M].北京:中华书局,2013.

[93] 新华社中央新闻采访中心.深入学习习近平总书记重要讲话读本[M].北
    京:人民出版社,2013.

[94] 徐春光.四书五经[M].呼和浩特:远方出版社,2003.

[95] 徐陵.玉台新咏笺注[M].吴兆宜,校注.长春:吉林人民出版社,2005.

[96] 徐瑞鸿.将社会主义核心价值观融入国家治理现代化[J].人民论坛,2016
    (2):73.

[97] 许富宏.慎子集校集注[M].北京:中华书局,2013.

[98] 许慎.说文解字[M].北京:社会科学文献出版社,1963.

[99] 许耀桐,刘祺.当代中国国家治理体系分析[J].理论探索,2014(1):10.

[100] 薛澜,张帆,武沐瑶.国家治理体系与治理能力研究:回顾与前瞻[J].公共管理学报,2015(3):3.

[101] 荀悦.申鉴·中论[M].唐宇辰,徐湘霖,译注.北京:中华书局,2020.

[102] 晏婴.晏子春秋[M].汤化,译注.北京:中华书局,2011.

[103] 佚名.诗经译注[M].程俊英,译注.上海:上海古籍出版社,2016.

[104] 俞可平.推进国家治理体系和治理能力现代化[J].前线,2014(1):5.

[105] 詹姆斯·N.罗西瑙.没有政府的治理[M].张胜军,刘小林,等,译.南昌:江西人民出版社,2001.

[106] 张卫国,晓明.鬼谷子·六韬·三略[M].武汉:崇文书局,2015.

[107] 张文显.法治与国家治理现代化[J].中国法学,2014(4):6.

[108] 张耀灿.构建社会主义核心价值观养成教育长效机制的思考[J].社会主义核心价值观研究,2015(1):53.

[109] 张英,张廷玉.父子宰相家训[M].北京:新星出版社,2015.[110] 郑玄.周礼[M].徐正英,常佩雨,译注.北京:中华书局,2014.

[111] 中共中央党史和文献研究院.习近平关于社会主义精神文明建设论述摘编[M].北京:中央文献出版社,2022.

[112] 中共中央党史和文献研究院.习近平关于中国特色大国外交论述摘编[M].北京:中央文献出版社,2020.

[113] 中共中央马克思恩格斯列宁斯大林著作编译局.马克思恩格斯全集:第二卷[M].北京:人民出版社,1982.

[114] 中共中央马克思恩格斯列宁斯大林著作编译局.马克思恩格斯全集:第二十一卷[M].北京:人民出版社,1965.

[115] 中共中央马克思恩格斯列宁斯大林著作编译局.马克思恩格斯全集:第三十卷[M].北京:人民出版社,1995.

[116] 中共中央马克思恩格斯列宁斯大林著作编译局.马克思恩格斯文集:第三卷[M].北京:人民出版社,2009.

[117] 中共中央马克思恩格斯列宁斯大林著作编译局.马克思恩格斯文集:第一卷[M].北京:人民出版社,2009.

[118] 中共中央马克思恩格斯列宁斯大林著作编译局.马克思恩格斯选集:第一

卷[M].北京:人民出版社,1995.

[119] 中共中央文献研究室.习近平关于全面深化改革论述摘编[M].北京:中央文献出版社,2014.

[120] 朱彬.礼记训纂[M].北京:中华书局,1996.

[121] 朱熹.朱子全书[M].上海:上海古籍出版社,2002.

[122] 左丘明.左传[M].郭丹,程小青,李彬源,等,译注.北京:中华书局,2014.

[123] 左亚文.社会主义核心价值观的凝练和深化[J].江西社会科学,2013(1):8.